A BANCA ISLÂMICA

Angela Martins

A BANCA ISLÂMICA

QUALITYMARK

Copyright© 2004 by Angela Martins

Todos os direitos desta edição reservados à Qualitymark Editora Ltda.
É proibida a duplicação ou reprodução deste volume, ou parte do mesmo, sob qualquer meio, sem autorização expressa da Editora.

Direção Editorial
SAIDUL RAHMAN MAHOMED
editor@qualitymark.com.br

Produção Editorial
EQUIPE QUALITYMARK

Capa
WILSON COTRIM

Editoração Eletrônica
UNIONTASK

CIP-Brasil. Catalogação-na-fonte
Sindicato Nacional dos Editores de Livros, RJ

M341b

Martins, Angela

A banca islâmica / Angela Martins. – Rio de Janeiro : Qualitymark Ed., 2004

Contém Glossário
Inclui bibliografia
ISBN 85-7303-496-3

1. Bancos – Países islâmicos. 2. Bancos – Aspectos religiosos – Islamismo. 3. Administração bancária – Países islâmicos. 4. Direito bancário (Direito islâmico). I. Título.

04-1500

CDD 332.10917671
CDU 336.71:297

2004
IMPRESSO NO BRASIL

Qualitymark Editora Ltda.
Rua Teixeira Júnior, 441
São Cristóvão
20921-400 – Rio de Janeiro – RJ
Tel.: (0XX21) 3860-8422

Fax: (0XX21) 3860-8424
www.qualitymark.com.br
E-Mail: quality@qualitymark.com.br
QualityPhone: 0800-263311

Dedicatória

Ao meu querido amigo Masood Al Bastaki que
despertou meu interesse pela Banca Islâmica
e me ajudou nos primeiros passos.

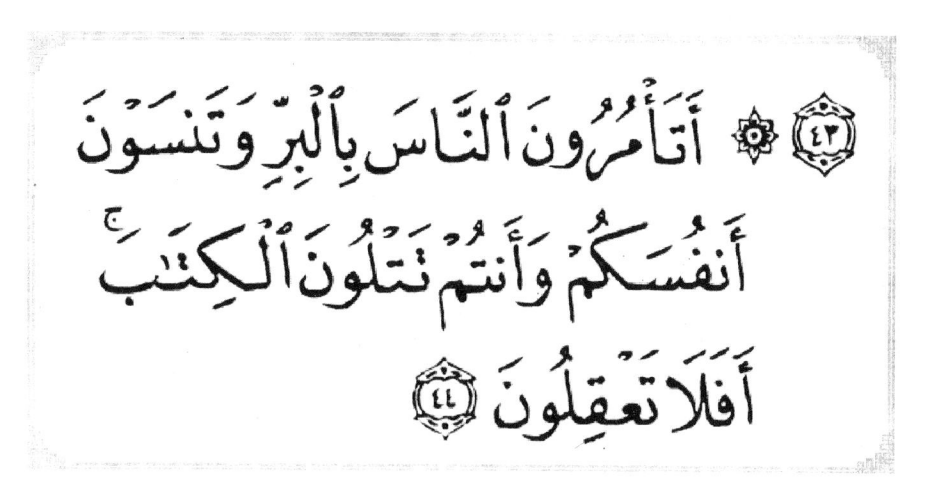

أَتَأْمُرُونَ النَّاسَ بِالْبِرِّ وَتَنسَوْنَ أَنفُسَكُمْ وَأَنتُمْ تَتْلُونَ الْكِتَابَ أَفَلَا تَعْقِلُونَ

"Acaso ordenam o bem às pessoas e se esquecem de si mesmas apesar de lerdes o Livro, acaso não raciocinam?"

Alcorão, 2ª Surah, Versículo 44.

Agradecimentos

MRS. RAKIYA L. SANUSI
MR. ABDELHAK EL KAFSI
MR. BRYAN KRATY
MR. DUNCAN SMITH
MR. RICHARD THOMAS
MR. MOHAMED BUQAIS
ANDREA DINIZ FERREIRA

Prefácio

A prática bancária islâmica e os bancos islâmicos são relativamente recentes na cena financeira mundial, mas em menos de meio século se estabeleceram e passaram a ter uma importância muito maior do que se poderia imaginar, dada sua participação no mercado global. Por que isso aconteceu e por que tantos muçulmanos e não muçulmanos passaram a se interessar pela prática bancária Islâmica?

Creio que haja diversas respostas para essas perguntas, algumas práticas – e são essas as que são principalmente tratadas neste livro – e outras filosóficas. Algumas são mais relevantes aos indivíduos e outras às empresas.

De alguma forma, o forte interesse na banca islâmica reflete o crescimento da popularidade da prática bancária ética e do movimento pelo investimento socialmente responsável. Além disso, analisando mais profundamente, talvez também tenha a ver com a tendência de crescente conscientização com relação às questões ambientais, questões de saúde pessoal e pública e, em um sentido espiritual e financeiro, tenha a ver com um entendimento cada vez maior de que o capitalismo selvagem – aquela coisa dos anos 80 – definitivamente não tem todas as respostas. Para resumir e sem ir tão profundamente nos detalhes teológicos, é importante dizer que, muitos daqueles que trabalham na indústria financeira islâmica, vêem essa prática bancária como algo muito além do que um sistema que simplesmente evita a cobrança e recebimento de juros.

Na vida prática, um crescente número de empresas e instituições financeiras, muitas delas fora de países muçulmanos, viram benefícios em se envolver com as práticas financeiras islâmicas. Uma razão econômica imediata para conhecer esse novo mercado é a grande liquidez – em sua maioria dos países do Golfo Arábico – disponível para investimento no exterior, desde que sejam em instrumentos aprovados pelas leis do *Shariah*, e dado o crescimento do comércio entre o Brasil e os países árabes, é particularmente relevante que as empresas e os bancos Brasileiros se familiarizem com essa indústria.

Olhando mais adiante, entretanto, essa "razão econômica imediata" se expande enormemente quando se leva em consideração, primeiro o fato de que um quinto da população do mundo é muçulmana, segundo que o *Islã* é a religião que mais cresce no mundo e terceiro, que o perfil financeiro pessoal e demográfico dos muçulmanos globalmente tem um viés de alta. Na prática isso sugere que nos próximos dez ou vinte anos haverá um grupo influente e em expansão que poderá ter suas preferências financeiras ditadas por algo mais do que a simples conveniência dos produtos convencionais. Devido ao grande potencial contido no sistema financeiro islâmico, todos os sérios homens e mulheres de negócios, deveriam, pelo menos, avaliar as oportunidades que podem existir para suas empresas nessa indústria.

A chave para entender como esses excitantes acontecimentos podem afetar você, leitor, é ter à mão as informações disponíveis de forma clara e compreensível. Por isso tenho o prazer de recomendar este livro de Angela Martins que, creio, seja o primeiro sobre essa matéria a ser escrito em português. Espero que ele o ajude nessa jornada em busca do entendimento deste fascinante assunto.

Duncan R. Smith
Managing Director & CEO, ABCIB Islamic Asset Management Ltd.

Duncan Smith é graduado pela Universidade de Cambridge e desde 1985 está envolvido com Islamic Banking, seja em grandes bancos internacionais bem como bancos árabes. Participou da criação do primeiro Fundo Mútuo Islâmico com investimentos em comércio exterior.

Sumário

INTRODUÇÃO	1
HISTÓRICO	5
O QUE É NA PRÁTICA O FINANCIAMENTO ISLÂMICO?	11
PRINCÍPIOS ISLÂMICOS BÁSICOS	17
A Usura e o Pagamento de Juros (Riba)	19
Especulação ou Risco (Gharar)	20
Considerações Especiais (Shurut)	21
Ilegalidade do Objeto do Contrato (Sabab)	21
ESTRUTURAS DE FINANCIAMENTO ISLÂMICO RECONHECIDAS	23
Mudharaba	26
Musharaka	27
Murabaha	27
Istisna'a	29
Ijara	31
Ijara Wa-Igtina	31
Qard Hassan	31
Takaful	31
Seguro Convencional	32
Banco de Varejo	32
SUKUK – O EUROBÔNUS ISLÂMICO	35
Vantagens na Emissão de um Euro-Sukuk	38
O *Rating* de um Euro-Sukuk	38

IMPLEMENTANDO OPERAÇÕES FINANCEIRAS
     ISLÂMICAS 41
Documentação 43
A Aprovação do *Shariah* 45
O CONCEITO DE PROPRIEDADE E AS PRINCIPAIS
     ESCOLAS LEGAIS ISLÂMICAS 47
QUESTÕES LEGAIS CONVENCIONAIS NAS OPERAÇÕES
     FINANCEIRAS ISLÂMICAS 67
Impostos 70
Responsabilidades 71
Garantia 71
Recaracterização 72
Natureza das Obrigações 75
Regras Locais 76
Fraude 77
A LAVAGEM DE DINHEIRO E O FINANCIAMENTO AO
     TERRORISMO 79
A Guerra Financeira contra o Terrorismo – Buscando
     as Soluções e Acabando com os Equívocos 81
O que é Terrorismo? 82
Regulamentando os Fluxos Financeiros da Diáspora
     Muçulmana no Ocidente 86
As Considerações do FMI 89
A Experiência de Bahrain 94
A Posição do Catar 98
Os Esforços do Paquistão 102
O BANCO ISLÂMICO DE DESENVOLVIMENTO 107
Características Únicas do Grupo BIsD 110
A Atuação do BIsD contra a Lavagem de Dinheiro
     e o Financiamento ao Terrorismo 111
CONTABILIZAÇÃO 119

Diferenças entre os Objetivos da Contabilidade Financeira
  dos Bancos Islâmicos e dos Bancos Convencionais 126
Conceitos da Contabilidade Financeira para a Instituição
  Financeira Islâmica 127
Função dos Bancos Islâmicos 128
Ativos 129
Passivos 129
Definição de *Zakah* e sua Aplicação 130
O FUTURO DA BANCA ISLÂMICA NO CENÁRIO
  ECONÔMICO MUNDIAL 133
Desafios da Indústria Financeira Islâmica 136
A Integração da Banca Islâmica ao Sistema Financeiro
  Global 137
CONCLUSÃO 141
GLOSSÁRIO 147
BIBLIOGRAFIA 151

Introdução

O objetivo deste trabalho é descrever os princípios que regem a banca islâmica e traçar um paralelo com as técnicas de financiamento da banca tradicional, bem como considerar algumas estruturas de financiamento que podem ser utilizadas para mitigar o risco de ferir esses princípios.

Como a banca islâmica administra hoje um enorme volume de recursos e a maioria dos financiamentos de projetos e outros financiamentos no Oriente Médio envolve de uma forma ou de outra preceitos islâmicos, torna-se imprescindível à banca tradicional um maior conhecimento dessa modalidade de financiamento para melhor acomodar todos os interesses.

Histórico

Nos últimos vinte anos, a banca islâmica passou de um sistema de financiamento local para uma indústria altamente desenvolvida que administra algo em torno de US$ 200 bilhões.

Essa indústria tem origem nas crenças fundamentais da sociedade islâmica que é baseada em princípios estabelecidos no Alcorão há mais de 1.400 anos. Sua expansão é decorrente da descoberta de petróleo no Golfo Pérsico.

Segundo o Banco Islâmico de Desenvolvimento, existiam, em 2002, cerca de 200 instituições financeiras islâmicas ao redor do mundo, qualificadas a operar sob as regras do *Shariah*.

O profeta Mohamed (Maomé), filho de Abdullah de Hashin nasceu por volta do ano 571 a.D., mas foi somente 40 anos mais tarde, em 613 a.D., que a palavra de Deus lhe foi anunciada pelo anjo Gabriel, a qual posteriormente foi escrita no Alcorão e de onde se desenvolveram as leis do *Shariah*. Além disso, o profeta conquistou fama de ser um eficiente negociador trabalhando com seu tio. Ele era conhecido como Al-Amin (O Confiável) devido à sua honestidade e nobreza de espírito. Ele foi membro fundador da Liga dos Virtuosos, uma associação formada por um grupo de mercadores de Meca que buscavam a integridade no comércio, bem como proteger o direito do comércio local contra os que vinham de fora.

Aos 25 anos, Mohamed casou-se com uma viúva muito rica, 15 anos mais velha chamada Khadijah, e dizem os históriadores que foi por meio da administração da fortuna de sua esposa que Mohamed implementou os princípios da banca islâmica os quais são práticados ainda hoje.

Rejeitado pelos árabes de Meca, após as revelações, Mohamed e seus seguidores migraram para a cidade de Yathrib a 250 quilômetros a nordeste de Meca, que mais tarde passou a chamar-se Medina, e é essa a data do início do calendário muçulmano. Essa é reconhecida como a primeira sociedade muçulmana. Foi ali que começou o hábito de jejuar durante o

Ramadan e onde foi iniciado o *Zakah*, também chamado de "o imposto da purificação", uma espécie de imposto de renda. Houve então o crescimento e o desenvolvimento do comércio entre diversas comunidades islâmicas.

Nos primórdios do Islamismo, o que se sabe é que os muçulmanos, os judeus e os cristãos viviam em harmonia, o que foi rompido pelas cruzadas no final do século XI. Nos 800 anos que se seguiram, o Oriente Médio viveu sob o domínio e a influência européia, que impôs sua cultura e com ela sua forma de fazer banco.

Com a descoberta do petróleo em 1920, a dominação do ocidente se intensificou ainda mais. Só em 1950 a região começou a se liberar desse domínio, e uma forma de mostrar sua rejeição à ocidentalização foi a volta ao *Islã*. Alguns países ainda estão em transição em vários estágios diferentes. Pode-se dizer que o colonialismo é, em parte, responsável pelo desenvolvimento da banca islâmica, porque se não fosse pela imposição do sistema bancário convencional, podia ser que esta tivesse se desenvolvido lenta e paralelamente à banca tradicional.

Com a nacionalização da empresa de petróleo anglo-iraniana em 1951, a nacionalização do canal de Suez em 1956, e a criação da OPEC (Organização dos Países Exportadores de Petróleo) em 1959, iniciou-se a independência do Oriente Médio. Em 1963, é fundado o primeiro banco islâmico no Egito mas apenas dez anos depois é que a banca islâmica ficou realmente operativa. Em 1970, o Bahrain Islamic Bank recebe das autoridades sua licença de funcionamento e, em 1975, é fundado o Banco Islâmico de Desenvolvimento em Jeddah, na Arábia Saudita, e com ele consolida-se o nascimento da banca islâmica.

São quatro os tipos de bancos islâmicos:

1) grandes bancos nascidos na Arábia Saudita, mas com enfoque internacional;
2) bancos locais mais voltados para questões sociais;

3) bancos em países onde, por questões políticas, legais e constitucionais adotou-se o islamismo como regra e todos os bancos tiveram que se adaptar à nova ordem (Paquistão, Sudão e Irã);
4) grandes bancos internacionais que, vendo a importância desse mercado, se decidiram por estabelecer bancos ou departamentos para o desenvolvimento de produtos islâmicos.

O que é a banca islâmica?

No *Islã* o dinheiro não é em si uma commodity, mas um meio para se agregar valor econômico sem o qual não se conseguiria gerar riqueza. Daí a expressão árabe:

"AL MAAL LI IMAR AL ARDH"

" O dinheiro existe para o desenvolvimento do mundo."

Este conceito constrasta com a banca convencional, i.e., a banca baseada na cobrança de juros, onde dinheiro gera dinheiro sem levar em conta se o mesmo está sendo utilizado em uma função produtiva. O que importa é o valor do dinheiro no tempo.

O Que é na Prática o Financiamento Islâmico?

Para que se consiga entender os princípios do financiamento islâmico é essencial considerá-los dentro do contexto das leis do Alcorão ou das leis do *Shariah*. Tanto os indivíduos quanto as instituições que seguem os princípios islâmicos entendem que a violação dessas regras é anti-religioso, ilegal e pecaminoso, o que significa que contratos ofensivos a essas leis poderiam ser considerados nulos nas cortes islâmicas.

Os financiamentos islâmicos devem estar consistentes com os princípios do *Shariah*, isto é, com os comandos ditados pelo Alcorão e com as palavras e feitos do profeta Maomé. Embora algumas das lideranças do islamismo advoguem o restabelecimento do *Iljahid*, isto é, uma leitura mais independente daquela feita pela ala mais ortodoxa do *Shariah*, essa possibilidade foi afastada desde o século X a.D. quando a comunidade legal do *Shariah* determinou que quaisquer outras análises das leis divinas seriam desnecessárias.

O *Islã* é um sistema de crenças que vai além da simples relação do homem com Deus. Ele fornece aos muçulmanos um código que regula toda sua forma de vida, tanto religiosa como secular. O Alcorão diz que Deus criou tudo e portanto possui tudo. O homem deverá cuidar da riqueza que é propriedade de Deus e deve fazê-lo da forma determinada por Deus. Essas regras são encontradas no conjunto de leis islâmicas, conhecido como *Shariah*, o qual deriva das seguintes fontes:

- *Alcorão* – A palavra de Deus como foi ditada e transcrita pelo profeta Maomé;
- *Sunnas* e *Hadith* – Relatos do que o Profeta disse e fez durante sua vida;
- *Qiyas* – A aplicação de princípios aceitos, por analogia, a novos casos;
- *Ijma* – O consenso da comunidade islâmica sobre uma questão particular;

- *Ijtihad* – A opinião das juntas islâmicas sobre uma questão particular.

É importante ter-se em mente que existem diferentes escolas do pensamento islâmico. Embora os princípios básicos sejam aplicados por todas essas escolas, existem pequenas diferenças dependendo da instituição islâmica com a qual se esteja negociando, assunto que será mais bem detalhado mais adiante. Além disso, cada instituição financeira islâmica possui seu próprio Comitê *Shariah*. O objetivo desse comitê não é analisar a operação em termos de sua aceitação quanto ao risco de crédito ou se os termos e as condições da operação são aceitáveis do ponto de vista comercial ou convencionalmente legal, mas analisar se a estrutura da operação e as obrigações da instituição islâmica estão de acordo com o ponto de vista islâmico.

A ênfase da teoria econômica islâmica está na justiça, na confiança e na não-formalização. Até o século XIX, essa ética islâmica era aplicada com relação às leis que governavam o casamento, o divórcio, a herança, assim como os contratos e as obrigações. Naquela época, nenhum outro sistema legal competia com a posição dominante das leis do *Shariah*. Desde então essa dominação tem sido afetada e sofrido modificações em diversos momentos, em vários países islâmicos. No Egito, o sistema legal europeu foi adotado no começo dos anos 1800 e diversos códigos legais europeus foram traduzidos para o Árabe e aplicados nas Cortes Especiais até que a primeira constituição egípcia fosse aprovada em 1923. Somente no começo dos anos 1980 é que um comitê para a codificação das leis do *Shariah* foi estabelecido pelo parlamento egípcio. Em outros países islâmicos algo similar aconteceu, notadamente o Paquistão, a Malásia e o Irã introduziram uma ampla legislação a qual produziu as bases para a formação da banca islâmica. Por outro lado, as leis do *Shariah* têm sido aplicadas às vezes, sem a codificação desses princípios. Por exemplo, na Arábia Saudita e em diversos outros países do Golfo, operações financeiras tradicionais coexistem com as operações da banca islâmica.

As operações financeiras islâmicas ainda estão no processo de refinamento de suas estruturas, de forma a refletir o entendimento que cada instituição islâmica dá sobre a aplicação das leis do *Shariah* a seus negócios.

Diferentemente das leis tradicionais do Ocidente, as leis do *Shariah* transpassam e permeiam outros sistemas legais, afetando as relações econômicas e comerciais entre as partes de uma operação financeira. Por isso torna-se essencial considerar-se cuidadosamente todos os aspectos dos eventuais conflitos legais da operação. Ainda que os contratos apontem um foro internacional como, por exemplo, a lei inglesa como a lei que governará tal contrato, se uma das partes estiver estabelecida em um estado islâmico ou contas ou propriedades estejam em tal estado, elementos do contrato poderão ser considerados ilegais devido ao fato de ferirem as leis do *Shariah*.

Princípios Islâmicos Básicos

- *A Usura e o Pagamento de Juros (Riba)*
- *Especulação ou Risco (Gharar)*
- *Considerações Especiais (Shurut)*
- *Ilegalidade do Objeto do Contrato (Sabab)*

Alguns dos elementos básicos das leis do *Shariah* aplicados às operações de financiamento podem ser descritos conforme a seguir:

A Usura e o Pagamento de Juros (Riba)

Como é sabido, os muçulmanos não podem cobrar ou receber juros sobre um certo capital. É importante notar que há um intenso debate entre os estudiosos islâmicos com relação ao significado preciso do que seja *riba*, embora a proibição básica sobre o pagamento ou recebimento de juros permaneça. Essa proibição fundamental tem sido aplicada com relação a qualquer tipo de empréstimo de forma que nenhum prêmio ou vantagem deverá ser recebido pelos doadores dos empréstimos a menos que tal vantagem seja garantida por desejo do tomador do empréstimo após o repagamento. Em princípio as partes não podem acordar com um lucro previamente garantido pelo tomador, ainda que tal lucro seja para compensar o doador pela inflação.

A extensão dessa proibição quanto ao doador do empréstimo ter alguma vantagem é tal que mesmo uma comissão pelo

---

Como o dinheiro pode gerar lucro no Islã

Os bancos islâmicos têm de se assegurar, portanto, que seus lucros serão realizados a partir de um valor agregado oriundo de uma atividade econômica ética.

serviço prestado com relação à condução dos negócios do cliente poderia não ser possível. Além disso, um *Bill of Exchange* (*Suftaja*) que confere uma vantagem por meio da permissão do pagamento da dívida a um terceiro em um local diferente daquele onde o empréstimo foi concedido, embora não seja proibida, pois, ajuda a diminuir o risco de levar uma relevante quantia de dinheiro de um lugar para o outro, é considerado com suspeita pelos estudiosos do Alcorão. Porém, é importante frisar que, desde que tenha havido trabalho, o lucro não apenas é permitido como é incentivado.

Especulação ou Risco (Gharar)

Vários elementos de uma transação poderão violar essa proibição a qual foi feita para proteger aqueles que são a parte mais fraca numa negociação de uma eventual exploração por parte dos outros. O ideal seria que cada parte contratante tivesse igual conhecimento dos valores relativos a serem trocados como parte da transação. O bem negociado deverá existir na hora do contrato ser fechado e não deverão existir elementos para especulação. Isto levou a que se banisse em geral todos os contratos relativos ao futuro, invalidando-se as promessas do contrato futuro, porém a extensão de tais proibições tem sido reduzida em vários códigos legais islâmicos. Os códigos civis do Iraque e do Catar dizem que o fato gerador de uma obrigação pode não existir no momento em que se fecha um contrato, desde que sua existência futura seja certa e não haja risco material envolvendo tal contrato. O elemento central é que sua existência não dependa de pura sorte. Nesse sentido a legislação árabe moderna substituiu as exigências do *Shariah* pela existência do objeto contratual, evitando contratos futuros apenas se estes incluírem um elemento de incerteza ou especulação.

Da mesma forma, essa legislação validou alguns tipos de promessas desde que os elementos básicos de tais contratos minimizem os riscos de vantagens ilegais (*riba*) e o risco propriamente dito (*gharar*). Assim, contratos de aluguel ou leasing (*Ijara*) e contratos de venda com o pagamento antecipado (*bay salam*) foram validados.

Condições Especiais (Shurut)

Sob as leis do *Shariah* os contratos são geralmente definidos quanto à relevância de seu propósito e efeitos com termos e condições predeterminados e limitadas variações. Exemplos dessas variações incluem um vendedor manter a posse de um bem ou pedir uma caução para segurar o pagamento do preço de venda. Quando essas condições especiais são parte do costume dos habitantes do lugar onde o contrato foi fechado, elas são permitidas. Entretanto, mesmo os analistas mais flexíveis consideram que uma condição especial não será permitida se a mesma conflitar com a essência da transação ou for uma proibição específica das leis do *Shariah*. Esta abordagem foi adotada nos códigos civis da Jordânia e do Catar. Como regra geral, a maioria das condições especiais são invalidadas porque resultam em uma vantagem ilegal (*riba*) para uma das partes contratantes ou para terceiros.

Ilegalidade do Objeto do Contrato (Sabab)

Qualquer contrato que tenha uma causa manifestadamente ilegal será nulo sob as leis do *Shariah*. Em comum com outros sistemas legais, contratos firmados para causar assassinatos ou roubo são obviamente inválidos sob esse princípio. Entretanto, a intenção aparente (mais do que a real intenção) pode também anular um contrato. Se essa intenção é contrária aos princípios morais e religiosos, por exemplo, um contrato de venda de grãos com o qual se pretende produzir bebida alcoólica, será considerado inválido. Com relação a este aspecto das leis do *Shariah* existem diferentes opiniões dentre as diversas escolas do pensamento, sendo que a menos rigorosa delas afirma que não é função das cortes investigar o que está por de trás de transações aparentemente genuínas. É em instituições que seguem esta escola de pensamento que podem ser feitas estruturas contratuais que de outro modo seriam consideradas ilegais.

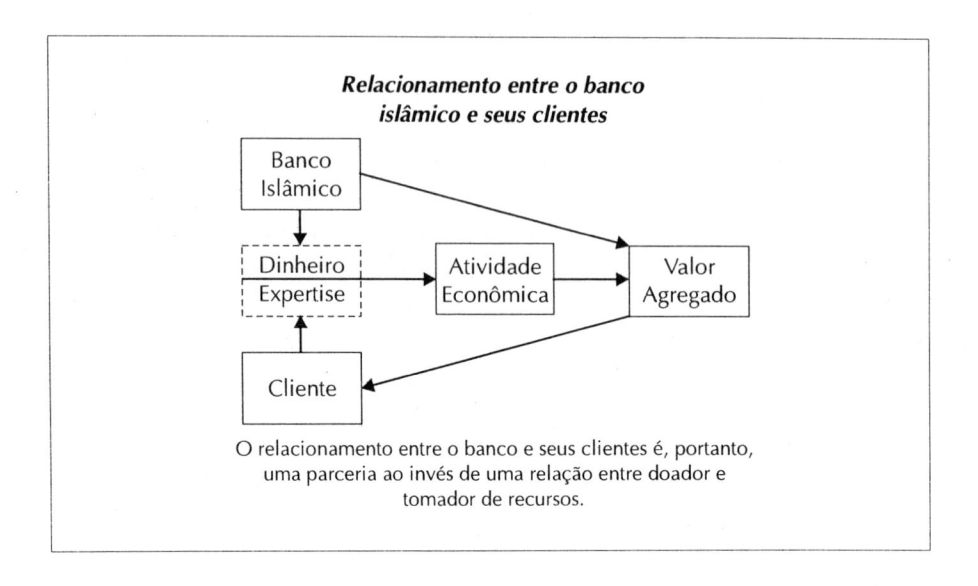

Relacionamento entre o banco islâmico e seus clientes

```
Banco Islâmico ──────────────────────┐
      │                              │
      ▼                              ▼
  Dinheiro  ──►  Atividade  ──►   Valor
  Expertise      Econômica        Agregado
      ▲                              │
      │                              │
   Cliente ◄─────────────────────────┘
```

O relacionamento entre o banco e seus clientes é, portanto, uma parceria ao invés de uma relação entre doador e tomador de recursos.

Estruturas de Financiamento Islâmico Reconhecidas

- *Mudharaba*
- *Musharaka*
- *Murabaha*
- *Istisna*
- *Ijara*
- *Ijara Wa-Igtina*
- *Qard hassan*
- *Takaful*
- *Seguro Convencional*
- *Banco de Varejo*

> **Relacionamento entre o banco islâmico e seus clientes**
>
> O banco islâmico atua como   O cliente atua como
>
> | Comprador | Dinheiro → | ← Mercadoria | Produtor |
> |------------|------------|--------------|--------------|
> | Arrendador | Ativo → | ← Aluguel | Arrendatário |
> | Comprador | Dinheiro → | ← Mercadoria | Vendedor |
> | Vendedor | Mercadoria → | ← Dinheiro | Comprador |
>
> Essas atividades podem ser desenvolvidas pelo banco das seguintes formas:
>
> a) direta, caso o banco tenha a expertise;
> b) com suas próprias companhias de trading;
> c) empresas de propósitos específicos;
> d) por contratos de agenciamento com os clientes.

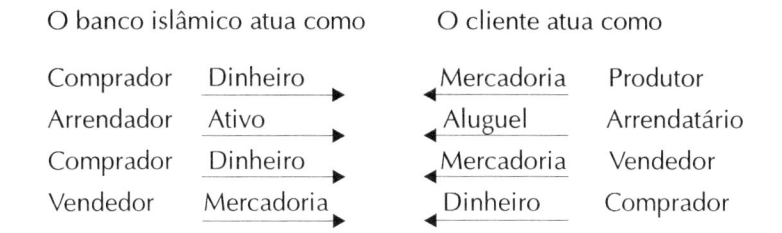

Diversas estruturas têm sido desenvolvidas de forma a constituir métodos aceitáveis para a viabilização das operações de financiamento com bases permitidas islâmicamente e sob as leis do *Shariah*. Algumas das estruturas mais conhecidas serão descritas a seguir. Entretanto é importante ter-se em mente que em face de diferentes requisitos oriundos de diversos comitês de *Shariah* (o que descrevemos em detalhes mais adiante) podem haver pontos específicos que têm de ser satisfeitos com relação a cada operação antes que a mesma possa ser considerada aceitável. É importante notar que dependendo da natureza do negócio envolvido, uma operação pode utilizar-se de mais de uma das estruturas descritas a seguir:

Mudharaba

Esta estrutura pode ser comparada à administração de recursos de terceiros. Ela envolve um contrato entre o dono dos recursos o qual deseja investir tais fundos de forma lucrativa, e o administrador, fiel depositário dos recursos o qual possui as habilidades para administrá-los recursos de forma acordada e com propósitos definidos. Esse administrador (chamado de *Mudarib*) deverá utilizar-se dos recursos da maneira acordada e então devolvê-lo ao investidor (chamado de *Rabb Al-mal*) na forma de principal mais a parte devida do lucro, ficando consigo o que restar de tais lucros. A proporção em que os lucros serão distribuídos entre o *Rabb Al-mal* e o *Mudarib* deverá ser acordada no princípio e deverá ser em base proporcional, isto é, não poderá haver um retorno garantido. Qualquer perda deverá ser suportada pelo *Rabb Al-mal*, mas somente até 100% do capital investido. O *Mudarib* não compartirá essas perdas exceto pela perda de tempo e esforços.

A instituição financeira poderá atuar como a provedora dos recursos para seu cliente o qual então os administrará ou como administradora depositária com a responsabilidade de gerir o investimento feito pelo cliente.

A estrutura tipo *Mudharaba* tem sido amplamente utilizada no Paquistão e em outros lugares para o estabelecimento de empresas que funcionam de forma similar a companhias de investimento do mundo ocidental. As empresas *Mudharaba* recebem depósitos dos investidores e em retorno emitem certificados *Mudharabas* os quais podem ser negociados na bolsa de valores. Essas empresas passam os recursos a empreendedores que os utilizam em empreendimentos não proibidos pelo *Islã*. A empresa *Mudharaba* retém comissão como uma percentagem do lucro e passa o saldo para o investidor.

A estrutura *Mudharaba* também pode ser usada para fazer um sindicato de instituições financeiras islâmicas para compartilhar o risco e os lucros de uma oportunidade de investimento. Cada instituição irá contribuir com recursos para um determinado administrador investir em um tipo de investimento, o qual poderá ser, por exemplo, um financiamento *Mudharaba*. Quando os pagamentos forem feitos dentro desse acordo, os investidores terão direito a receber seus investimentos e mais um retorno sobre os mesmos, enquanto o banco administrador terá direito a uma taxa por sua contribuição na operação.

Musharaka

A estrutura *Musharaka* em certa forma é uma variação da estrutura *Mudharaba* com a diferença sendo que o administrador além de possuir a habilidade e o *Know How* irá também contribuir com parte do capital. Da mesma forma, a entidade investidora também poderá prover parte da administração e *expertise* além de sua contribuição de capital. De uma forma mais ampla, portanto, é uma *joint venture* ou uma parceria que mais comumente pode ser descrita como um contrato de sociedade (*Sharakat'agd*) envolvendo exploração conjunta do capital e participação conjunta nos lucros ou nas perdas. Nessa categoria, as variações possíveis incluem uma sociedade financeira, uma associação de trabalho ou uma sociedade de crédito. Tanto a instituição financeira islâmica como o cliente irá compartilhar o capital e os lucros ou as perdas na proporção acordada (no caso de lucros após o pagamento da taxa de administração ao administrador) e também acordarão como a empresa será administrada.

Murabaha

Esta é uma estrutura popular de financiamento islâmico usada em financiamento ao comércio exterior. Em geral ela envolve a instituição financeira islâmica como a compradora dos produtos de um fornecedor e posterior vendedora de tais produtos a seu cliente com um pré-acordado lucro. O pagamento do preço de venda de tais produtos pelo cliente pode ser feito imediatamente ou então (o que é mais comum) de forma a prazo com a diferença entre o custo de compra para o banco islâmico e o preço de venda ao cliente formando o lucro disponível o qual ficará com a instituição islâmica devido à transação.

O retorno acordado será geralmente bem parecido com as taxas de juros internacionais, mas nos *Murabahas* genuínos a documentação não deverá evidenciar nenhuma relação entre tal retorno e taxas de juros, porém deverá refletir também outros fatores como o risco corrido pela instituição financeira islâmica até a entrega das mercadorias, o tamanho da operação, o risco de crédito etc.

Estudo de caso

Murabaha:

Cliente	: Empresa X
Doador de Recursos	: Banco Islâmico
Montante	: US$ 15.000.000
Prazo	: 360 dias
Objetivo	: Prover financiamento de curto prazo
	Reduzir a carga tributária

Isso justificaria caracterizar o retorno como um lucro sobre compra e venda mais do que simplesmente a aplicação de uma taxa de juros sobre recursos investidos, embora os efeitos econômicos, claro, não sejam semelhantes. Não poderia haver nenhuma outra forma de correção monetária, uma vez que isso caracterizaria um pagamento baseado sobre o valor do dinheiro no decorrer do tempo, ou seja, juros.

Estudo de caso: Murabaha

Dia 1: Empresa X ←— Acordam o preço —→ Fornecedor

Dia 2: Empresa X —— Faz oferta para comprar a 360 dias —→ Banco Islâmico
Banco Islâmico —— Aceita vender a 360 dias ao preço acertado entre a empresa X e seu fornecedor mais uma margem de lucro —→ Empresa X

Estrutura do Murabaha

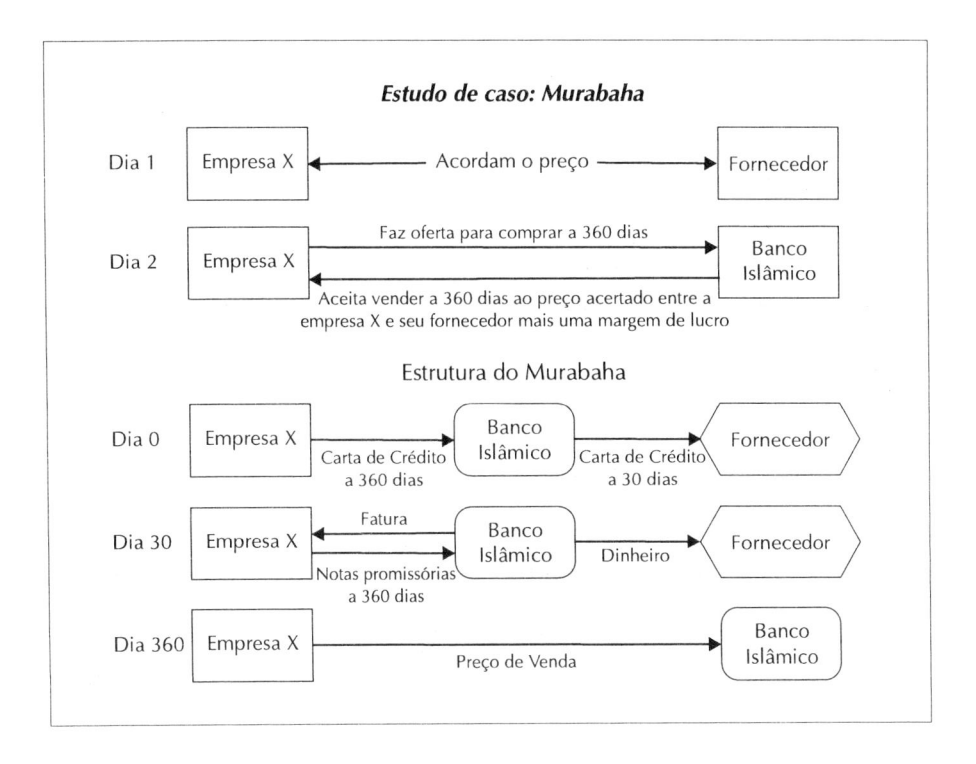

Dia 0: Empresa X —— Carta de Crédito a 360 dias —→ Banco Islâmico —— Carta de Crédito a 30 dias —→ Fornecedor

Dia 30: Empresa X ←— Fatura —— Banco Islâmico —— Dinheiro —→ Fornecedor
Empresa X —— Notas promissórias a 360 dias —→ Banco Islâmico

Dia 360: Empresa X —— Preço de Venda —→ Banco Islâmico

Istisna'a

Esse é o termo islâmico para o contrato de manufatura. No contexto do financiamento islâmico isso envolveria tipicamente a instituição financeira islâmica assinando um contrato com uma empreiteira para fazer construções, as quais quando terminadas seriam vendidas a compradores finais, geralmente a prazo. Como esta estrutura incorpora o elemento da compra inicial pela instituição financeira islâmica e então a subseqüente transferência para o real usuário, poderá parecer semelhante à estrutura do *Murabaha*, porém a principal diferença é provavelmente a grande variedade de custos que podem ser incluídos em uma estrutura *Istisna'a*. Por essa razão uma estrutura *Istisna* pode representar uma conveniente possibilidade no contexto dos financiamentos de projetos.

Estudo de caso: Murabaha

Observações:

➢ O banco islâmico atua como um trader e não como um banco;
➢ Não são cobrados nem juros nem outros custos financeiros;
➢ Há apenas o **lucro de compra e venda.**

O lucro obtido entre uma compra e uma venda não é considerado um custo financeiro →

Não há cobrança de impostos sobre os juros
=
Empresa X deixa de gastar um certo percentual em impostos nessa operação o qual é repartido com o banco islâmico

ISTISNA'A

Estágio 1:

Produtor → ← Comprador
Faz pedido e Pré-pagamentos ↘ ↙ Faz pedido
Banco Islâmico

Estágio 2:

Produtor → ← Comprador
Entrega o produto ↘ ↗ Entrega o produto e recebe pagamento
Banco Islâmico

- O banco islâmico compra do produto o equipamento e pré-paga;
- O banco recebe os produtos;
- O banco vende os produtos ao cliente comprador com uma margem de lucro.

Ijara

Este é o termo islâmico para o *leasing* (arrendamento mercantil) e um contrato *Ijara* nada mais é do que um contrato de arrendamento mercantil. No contexto islâmico esta estrutura envolve a instituição financeira islâmica arrendando equipamentos, prédios ou outros bens ao seu cliente contra pagamento de um aluguel fixo previamente acordado.

Ijara Wa-Igtina

Esta é uma variação do contrato *Ijara* na qual, no final do período financiado o cliente poderá ou, alternativamente, será solicitado a comprar os ativos arrendados. Isso pode ser estruturado como um acordo por meio do qual o cliente efetua o pagamento em uma conta de investimento islâmica a qual irá eventualmente levar o cliente à compra do equipamento ou outro bem arrendado da instituição financiadora, com lucros (se existirem) acumulando na conta de investimentos em nome do cliente.

Qard Hassan

É um empréstimo sem cobrança de juros, tipicamente onde os recursos são antecipados por razões humanitárias e benemerentes. Os repagamentos são feitos durante um período acertado por ambas as partes sem lucros a serem apurados em favor da instituição financeira.

Takaful

De forma a acomodar os princípios do *Shariah* com relação aos seguros, as seguradoras islâmicas estabelecem o seguro solidário. Esses esquemas são baseados no *Mudharaba*, isto é, o compartilhamento do lucro e da perda. O *Takaful* ou garantia conjunta especifica o nível de contribuição e a maneira pela qual o administrador do fundo *Takaful* empregará esses recursos. Qualquer compartilhamento de lucros será feito apenas se o participante do *Takaful* estiver sendo compensado por perdas incorridas por ele. É interessante notar que na Malásia foi aprovada uma lei específica que regula e licencia o *Takaful* e estabelece assistência mútua na solidariedade e na fraternidade.

As operações tipo *Takaful* correspondem de uma forma ampla aos seguros de vida ou seguros gerais da forma tradicional do mundo ocidental.

Seguro Convencional

Contratos de seguro convencionais do Ocidente são problemáticos para as instituições islâmicas por diversas razões.

O seguro no mundo ocidental é baseado no rateio do risco individual entre todos os segurados, representado por, e produzido a partir de prêmios agregados. Esse sistema de seguro contém elementos de usura e juros (*riba*), incerteza (*juhala*) e risco (*gharar*). A incerteza quanto aos prêmios do seguro e o possível montante de compensação envolve um grau de risco que não se enquadra às leis do *Shariah*. Além disso, embora sob o ponto de vista de leis de países ocidentais como por exemplo a Inglaterra, os contratos não sejam considerados como um jogo ou aposta, a lei islâmica vê esse tipo de contrato como uma forma de aposta ou especulação. Isso vem da proibição generalizada de se obter lucro sem ter havido trabalho.

Banco de Varejo

Quanto aos bancos de varejo a grande diferença está nas contas correntes e contas de investimentos.

Sob os princípios do *Shariah*, os depositantes de recursos financeiros em uma instituição islâmica não receberão remuneração ou qualquer outro benefício sobre tal depósito. É feito, portanto, um depósito simples como na forma convencional, sem remuneração, com os recursos sendo recebidos pela instituição financeira como se fossem um empréstimo a ser repago prontamente assim que solicitado, como uma obrigação absoluta e incondicional da instituição financeira. A instituição financeira pode investir esses recursos por sua conta e risco, mas o depositante receberá apenas o principal não importando se a instituição financeira tenha tido lucros ou perdas com tal investimento.

Por outro lado existem as contas de investimento onde montantes são recebidos dos depositantes pela instituição islâmica para serem investidos e geralmente sob total responsabilidade dessa instituição em base fiduciária de acordo com os termos e as condições do relacionamento acertado entre as partes. Nesse caso, a instituição financeira investe os recursos sob sua administração nas bases acordadas com os donos dos recursos, mas não garante nem o principal nem qualquer rendimento. O depositante assume todos os riscos e os prêmios relevantes ao investimento. O valor do ativo líquido dessa carteira de investimento é valorizado em cada data de valorização e cada aumento do valor obtido é passado para o depositante (*investidor*).

As contas de investimento são tipicamente constituídas de forma que os lucros ou as perdas sejam divididos entre os depositantes proporcionalmente à quantidade depositada. Na condição de depositário, a instituição financeira islâmica irá receber uma percentagem do lucro ganho como taxa de administração, cujo valor máximo estará estabelecido no contrato. Caso haja uma redução no valor líquido do ativo ao longo de um período de valorização, os saldos creditados na conta de cada depositante serão ajustados de acordo, e dependendo dos termos do acordo firmado com os depositantes, a taxa de administração para esse período pode não ser paga. A instituição financeira islâmica será responsável pela perda apenas se houver negligência grosseira em suas funções de depositário e se for provado tal coisa. Haverá algumas diferenças dentre as instituições financeiras islâmicas sobre qual o tipo de investimento a ser dado aos recursos sob sua administração.

Sukuk –
O Eurobônus Islâmico

- *Vantagens na Emissão de um Euro-Sukuk*
- *O Rating de um Euro-Sukuk*

O *Sukuk* é um certificado emitido sob as leis islâmicas, tendo como lastro um contrato aceito pelos islâmicos, como por exemplo um *Ijara'a*, e em essência é similar a um bônus convencional lastreado em um bem tangível.

Os princípios básicos que governam uma emissão de *Sukuk* são:

- o instrumento financeiro que irá lastrear os *Sukuks* deverá ser negociável, isto é, a propriedade do ativo tangível poderá mudar de mãos, como no caso de um contrato *Ijara'a*;
- os ativos usados como lastro para a emissão dos *Sukuks* deverão ser identificados e segregados. Isto é geralmente conseguido por meio da transferência destes ativos para uma Empresa de Propósito Específico (SPV) a qual será, de fato, a emissora dos bônus;
- cada *Sukuk* emitido irá representar proporcionalmente o direito do portador sobre os ativos, isto é conseguido através de uma declaração feita pela SPV aos portadores dos *Sukuks*.

Os *Sukuks*, assim como os bônus convencionais podem ser emitidos em diversos formatos, dependendo dos objetivos

```
EUROBÔNUS REG S
```

```
EUROBÔNUS 144 A
```

```
GLOBAL BOND REGISTRADO NA SEC
SEC – SECURITIES EXCHANGE COMMISION
USA
```

do tomador dos recursos. Essa diversidade permite maior penetração dos bônus em diferentes mercados.

A escolha do formato apropriado irá depender dos objetivos primários do tomador dos recursos, isto é, o exercício de construção do perfil e de busca dos investidores.

Vantagens na Emissão de um Euro-Sukuk

Ao fazer uma emissão de Euro-Sukuk Reg S, os tomadores de recursos islâmicos poderão diversificar suas fontes de captação e ter acesso à liquidez do mercado convencional além daquela do mercado islâmico.

Um Euro-Sukuk melhora a dinâmica do mercado secundário devido à base mais ampla de investidores o que incrementa também a transparência desse mercado para a colocação do papel. Do ponto de vista da administração do portifólio há uma melhora na eficiência geral.

Um Euro-Sukuk dará mais conforto aos investidores devido à abertura de informação em razão da *due dilligence* rigorosa exigida pelas bolsas européias.

A maior exposição do emissor de Euro-Sukuk ao mercado internacional poderá ter uma influência benéfica no preço do papel.

O Rating de um Euro-Sukuk

Embora a estrutura dos bônus islâmicos seja mais complexa do que a dos bônus convencionais, a maioria das agências de *rating* usam as mesmas técnicas na análise e na dotação dos *ratings* dos bônus islâmicos que as usadas nos bônus convencionais.

Os Governos de Bahrain e da Malásia já emitiram bônus *Sukuk* e esses papéis receberam o mesmo *rating* do risco soberano uma vez que o governo é o devedor final.

Até o momento ainda não há casos de *Sukuks* lastreados em ativo real (sem recurso contra o emissor soberano) que tenha recebido um *rating*.

Os bônus *Sukuk* podem ser listados em bolsa, e por exemplo, a bolsa de Luxemburgo não faz diferenças entre bônus islâmicos e convencionais.

Implementando Operações Financeiras Islâmicas

- *Documentação*
- *A Aprovação do Shariah*

De uma certa forma, a implementação de uma operação financeira islâmica não difere muito da implementação de uma operação financeira convencional.

A documentação tem de ser redigida e acordada de forma a apuradamente refletir os termos comerciais da operação, bem como as exigências legais de ambas as partes e, além disso, estar em conformidade com a legislação da jurisdição aplicável. A operação islâmica, entretanto, envolve exigências adicionais que são aquelas que dizem respeito à estrutura islâmica que estará sendo utilizada.

Documentação

Como anteriormente mencionado o *Murabaha* é uma das formas mais comuns de financiamento islâmico e está normalmente relacionado ao financiamento do comércio. Sob esse contrato a instituição islâmica, na condição de investidor, compra produtos, como matéria-prima, equipamentos ou maquinários de um terceiro a pedido de seu cliente e depois vende esses produtos para seu cliente, ao seu preço, à vista ou a prazo. A diferença entre o preço de custo a ser pago pela instituição financeira islâmica e o preço de venda a ser pago pelo seu cliente compreenderá o lucro apurado devido à instituição financeira islâmica de acordo com o contrato. Uma vez que o contrato *Murabaha* comporta uma taxa de retorno fixa predeterminada para a instituição financeira islâmica, poderá haver dúvidas quanto a sua semelhança com as estruturas que carregam juros. Isso pode, de fato, ser exacerbado se a taxa de retorno a ser recebida pela instituição financeira islâmica for determinada apenas pela referência ao custo dos recursos no mercado (tal como o *Libor*), mas desde que a instituição financeira islâmica corra todos os riscos até a finalização da compra e da venda das mercadorias de forma a equacionar a operação a uma genuína operação comercial, as operações *Murabaha* serão consideradas como uma operação islâmica típica sob as leis do *Shariah*. Isso terá importantes implicações quanto às relações legais e à documentação. É essencial que a operação seja estruturada como uma genuína compra e venda e não como uma operação de financiamento. Existirão as seguintes implicações quanto à documentação:

- a compra e posterior venda deverão ser documentadas com contratos separados;

- a instituição financeira islâmica deverá sempre obter a titularidade das mercadorias antes de repassá-las ao seu cliente. Em particular, isso pode significar que cláusulas na documentação evidenciando que a titularidade poderá passar do fornecedor para a instituição financeira islâmica no momento imediatamente anterior ao que ela passará da instituição financeira islâmica para o cliente não serão aceitáveis sob os princípios do *Shariah*;

- Os riscos inerentes à propriedade das mercadorias e à compra e venda devem ser assumidos pela instituição financeira islâmica envolvida na operação e, de acordo com essa premissa, normalmente não será aceitável que a venda ao cliente esteja condicionada à recepção pela instituição financeira islâmica das mercadorias enviadas pelo fornecedor.

A instituição financeira islâmica deverá realmente correr o risco de entrega das mercadorias pelo fornecedor. Serão permitidos que os termos e as condições da compra e venda sejam um espelho no que se refere a peso, qualidade e condições da mercadoria envolvida na operação. Entretanto, é importante que a instituição financeira islâmica corra realmente o risco comercial na compra e venda em vez de apenas atuar como um repassador transparente. Isso significa que, embora os contratos de compra e venda sejam um espelho um do outro no que se refere aos termos e condições, não será aceitável que a instituição financeira islâmica simplesmente convencione com o cliente que terá a titularidade sobre a mercadoria, bem como que acerte com o cliente que só entregará a mercadoria quando a receber ou que evite dar qualquer garantia quanto à qualidade etc. Isto quer dizer que cláusulas contratuais dizendo que todos os riscos sobre a mercadoria permanecerão com o fornecedor até que a titularidade passe para o cliente (sem passar pela instituição financeira islâmica) não será aceitável. Da mesma forma, cláusulas que digam que as mercadorias deverão ir diretamente do fornecedor ao cliente ou que os termos da venda passarão como que diretamente do fornecedor para o cliente não serão aceitos. Um termo dizendo que a instituição financeira islâmica não tem nenhum compromisso com o fornecedor a não ser aquele de pagar o preço de compra será aceitável, e à instituição financeira islâmica não será permitido proteger sua posição na assunção de risco, fazendo a transferência para o cliente dos benefícios e dos recursos das *warrants* do fornecedor. O cliente não pode ser solicitado na documentação a aceitar a entrega da mercadoria em qualquer circunstância. Este terá o direito de rejeitar a mercadoria caso haja razões justificáveis para a rejeição como, por exemplo, se esta não estiver em conformidade com a qualidade requerida, e o lucro contido no preço de venda deverá, sob as leis do *Shariah*, estar relacionado aos riscos que a instituição financeira islâmica tenha que correr além daquele da propriedade das mercadorias. A instituição financeira islâmica deverá estar preparada para fazer a abertura dos custos e dos lucros e de todas as despesas envolvidas, as quais forem cobradas do cliente sob o preço de venda.

A Aprovação do Shariah

Além dos aspectos técnicos de documentar uma determinada operação financeira islâmica de uma forma aceitável, ainda há a questão do procedimento no qual a instituição financeira islâmica numa questão de política interna assegura que os princípios apropriados do *Shariah* estão sendo devidamente seguidos. A maioria das instituições financeiras islâmicas tem por virtude de seus estatutos uma área de suspensão ou um Comitê *Shariah* cuja função é assegurar, primeiro que as operações da instituição sejam conduzidas de maneira compatível com as leis do *Shariah* e, em segundo, assessorar os administradores a encontrarem soluções islâmicas adequadas aos problemas que possam surgir. Ao estruturar uma operação a ser aceita em bases islâmicas, será necessário satisfazer não apenas os requisitos convencionais legais e de crédito, mas também aqueles do Comitê *Shariah* da instituição financeira islâmica.

A maioria das instituições financeiras islâmicas tem seu Comitê *Shariah* trabalhando em conjunto com seu departamento legal na confecção de contratos-padrão cobrindo suas principais áreas de atividade. Porém, será necessário referir-se ao comitê *Shariah* quando houver operações que não se enquadram convenientemente nos contratos previamente aprovados.

Nesses casos, poderá haver complicações de procedimentos quando esses comitês tendem a operar em bases *ad hoc* pois não existem casos anteriores como parâmetro. A aprovação por esse comitê *Shariah* exigirá considerável raciocínio e criatividade na estruturação da operação. Não será apropriado utilizar-se de deliberações feitas anteriormente por um outro comitê *Shariah*.

O Conceito de Propriedade e as Principais Escolas Legais Islâmicas

- *Hanafi (Hanafitas)*
- *Maliki (Malequitas)*
- *Shafi'i (Chafeitas)*
- *Hambali (Hambanitas)*
- *Ja'fari (Jafaritas)*

O CONCEITO DE PROPRIEDADE E AS PRINCIPAIS ESCOLAS LEGAIS

Em todas as transações realizadas em um contexto islâmico, a primeira coisa que um executivo ou instituição deve levar em consideração é o conjunto de leis do *Shariah*. Não há outra forma de entender as práticas comerciais e de negócios islâmicos sem que se estude e se dê total atenção ao *Shariah*. Sem que haja uma ampla compreensão sobre as bases e implementação das leis comerciais islâmicas conhecidas como *fiqh al muamallat*, é impossível operar de forma efetiva nessa crescente e importante indústria.

O principal objetivo desde capítulo é tentar fornecer aos leitores um resumo dos principais aspectos das leis do *Shariah* no que se refere aos conceitos de propriedade no contexto de uma transação comercial e mostrar como esses conceitos de propriedade podem formar a base dos negócios indústriais, comerciais, agrícolas, financeiros e de seguros em geral.

As fontes desta análise foram dois livros. O primeiro é *Unlawful Gain and Legitimate Profit in Islamic Law* ("O Ganho Ilegal e o Lucro Legal na Lei Islâmica") escrito por Nabil A. Saleh, publicado pela editora Graham & Trotman; o segundo é *Partnership and Project Sharing in Islamic Law* ("Sociedade e Repartição dos Lucros nas Leis Islâmicas") escrito por Nejatualhn Siddiqi, professor de Economia Islâmica na Universidade Rei Abdul Aziz em Jeddah, Arábia Saudita, publicado pela Islamic Foundation em Leiscester.

A maioria do que será dito é um conjunto de informações contidas nesses dois livros, principalmente naquele do professor Nabil Saleh.

Será útil apresentar primeiramente as bases conceituais do que seja propriedade e capital nas leis islâmicas pois são essenciais ao entendimento do que virá a seguir. Com relação ao conceito geral de propriedade e do direito de ter a posse sobre algo como é vista no *Islã*, farei uma citação do livro *The Economics Teachings of Prophet Muhammad – A Select Anthology of Hadith Literature on Economics* ("Os Ensinamentos do Profeta Maomé Sobre Economia – Uma Seleta Antologia de

Hadiths sobre Economia"), editada por Muhammad Akram Khan e publicada pelo The International Institution of Islamic Economics and the Institute of Policy Studies in Islamabad (Instituto Internacional de Economia Islâmica e Instituto de Estudos Políticos de Islamabad).

> *As relações com a propriedade definem em grande parte os contornos de um sistema econômico. Os dois sistemas dominantes da presente era diferem-se entre si amplamente no que concerne à liberdade que tem um indivíduo de possuir uma propriedade privada. O Islã oferece um terceiro ponto de vista: – Tudo neste Universo pertence a Deus Todo-Poderoso. Ele é o verdadeiro dono de tudo e tem o direito de determinar o modo de utilização de todas as formas de propriedade. O Homem é seu preposto (Khalifa) o qual foi encarregado de certas responsabilidades. Para cumprir com suas responsabilidades ele foi dotado com alguns bens. Esses bens estão apenas sob seus cuidados o que significa que deverão ser utilizados para o propósito que lhes foram concedidos. Os propósitos foram definidos em elaborados detalhes no Shariah revelado ao Santo Profeta. Portanto, sujeito à soberania de Allah, o homem recebeu o direito à propriedade. Como o homem é o usuário final, então o modo de sua utilização também foi definido pelo verdadeiro dono (i.e. Deus Todo-Poderoso). No final de sua vida no mundo todos terão de prestar contas dos recursos colocados a sua disposição durante sua vida no mundo, na condição de preposto de Allah. O homem terá de passar pelo teste de prestação de contas apenas se tiver agido de forma discricionária no uso desses recursos; e embora as formas de utilização desses recursos tenham sido descritas no Shariah, o homem tem a liberdade de agir de qualquer outra forma, se assim ele escolher, porém sob pena de uma severa punição no dia do julgamento.*

> De forma a assegurar o uso correto desses recursos de forma contínua, o Shariah reconhece o direito à propriedade como legítimo e autêntico, e esse direito foi concebido no contexto geral da soberania de Deus.
>
> O Santo Profeta declarou a santidade da propriedade privada, mas essa santidade está no fato do homem ser preposto de Allah. O Islã também reconhece o direito comum à propriedade de certas coisas como a água, a grama e o fogo. Essas coisas são para o bem comum e não podem pertencer a ninguém, inclusive ao Estado. Ao contrário, todos têm direitos iguais de se beneficiar deles.
>
> Na atualidade, se pode concluir que os recursos que podem ser necessários para o público em geral, não podem ser de propriedade privada para que o público não sofra privações. Isso não significa necessariamente que tais recursos pertencerão ao Estado. Ao contrário, a propriedade nesse caso é de toda a comunidade islâmica (*Ummah*) e o Estado pode administrá-los em seu nome, sendo o responsável e quem prestará contas por eles.

Qualquer um que queira examinar as bases desses conceitos de propriedade, da forma como aparecem nos *Hadith* deve ler este livro.

De forma a entender a estrutura de propriedade conjunta (sociedade) deve-se considerar que há duas formas de sociedade permitidas pelas leis islâmicas que são o *Shirkah* e o *Mudharaba*. O *Shirkah* tem algumas variações mas sua forma primária é o *Shir/Cat'man*. O *Shirkah* também é conhecido como *Musharaka*.

O *Shariah* divide a parceria ou sociedade em duas amplas categorias: sociedade em uma propriedade (*Sharikat Mulk*) e a sociedade contratual (*Sharikat'agd*). A *Sharikat Mulk* geralmente envolve a propriedade conjunta de um bem sem que haja o usufruto ou exploração conjunta do mesmo, como por exemplo a propriedade de um imóvel transferido aos descendentes de alguém que tenha falecido. A *Sharikat'agd* enfatiza a exploração conjunta de um certo capital e a participação conjunta na distribuição dos lucros ou das perdas, na qual essa parceria é uma conseqüência e não um pré-requisito para a formação de tal sociedade. A *Sharikat'agd* é a principal forma de sociedade com a qual se deve familiarizar, ela é geralmente dividida em três tipos:

1) sociedades financeiras (*Sharikat Mat*);
2) sociedades de trabalho (*Sharikat A'mat*);
3) sociedades de crédito (*Sharikat Wujuh*).

Cada uma dessas formas de sociedade pode ser tanto ilimitada, irrestrita e igualitária quanto sociedade de investimento limitada, conhecidas como *mam*, mencionadas anteriormente. A anterior é uma sociedade definida pela escola legal *HANAFI* como *Mufawada* a qual será vista mais adiante. A terceira forma de sociedade que é permitida sob as leis islâmicas é o *Mudharaba* o qual devemos examinar em mais detalhes, uma vez que é esse o principal veículo disponível para mobilizar o excedente de capital e canalizá-lo para atividades comerciais.

É importante frisar que as leis islâmicas não fazem distinção entre sociedades comerciais ou não. As regras e princípios aplicam-se a ambas as formas.

Existem quatro principais escolas de lei sunitas, que são a *HANAFI* (HANAFITAS), a *MALIKI* (MALEQUITAS), a *SHAFI'I* (CHAFEITAS) e a *HAMBALI* (HAMBANITAS). Além disso, existem diversas outras escolas de lei menores as quais podem ser descritas como ortodoxas assim como modernas, movimentos que estão procurando usar a razão individual ou *Ijtihad* para formular novas abordagens e interpretações das opiniões legais. Existem também diversas escolas heterodoxas no *Islã*, sendo a mais importante a *JA'FARI*.

Portanto, quando se está estruturando uma operação financeira, inclusive quando se está formando uma sociedade ou outra forma de parceria é importante saber em qual escola um determinado jurista que se está consultando recebeu sua formação, uma vez que isso terá um efeito na natureza da opinião ou *Fatwa* a ser dada com respeito a essas operações.

Entretanto, como todas as opiniões são falíveis e podem não estar em harmonia com as escolas sunitas, fica a critério dos responsáveis pela operação qual estrutura será mais adequada para ser apresentada a um determinado comitê *Shariah*.

Se fizermos uma rápida análise sobre um *Mufawada* ou sociedade ilimitada poderemos ver como essas diferenças de interpretação legal podem variar de uma escola para outra.

De acordo com os *Hanafis*, o *Mufawada* é uma sociedade na qual os sócios têm igualdade de condições no que se refere ao capital, à administração e ao direito de se dispor de um bem. Cada sócio em um *Mufawada* é tanto agente como garantidor/avalista de seu parceiro/sócio.

Os *Malikis* têm o mesmo conceito básico sobre o *Mufawada* que os *Hanafis*, porém os *Shafi'is* consideram esse tipo de sociedade inválida porque entendem que não é possível na prática implementar a igualdade teórica inerente a esse tipo de sociedade.

Os *Hambalis* estão divididos. Por exemplo, o jurista Ibn Qudama defende que um *Mufawada* é legal apenas quando todos os elementos da sociedade estão presentes e a parceria é de recursos financeiros, trabalho e crédito. Por outro lado, o jurista *Hambali*, Al Futuhi considera o *Mufawada* da mesma forma que os juristas *Hanafis* e alguns estudiosos *Hambalis* concordam com o ponto de vista dos *Shafi'is* e condenam essa forma de sociedade.

A visão dos *Ja'faris* sobre o *Mufawada* também é diferente. Portanto, fica claro que o primeiro passo a ser dado ao se estruturar um contrato sob as leis islâmicas que envolvam formas de sociedade será entender em que contexto legal conceitual islâmico se darão as discussões.

De longe a mais importante estrutura de sociedade é aquela de natureza limitada ou *Sharikat'man*.

Essa é uma sociedade contratual através da qual dois ou mais sócios contribuem para um fundo de capital em dinheiro, bens ou trabalho ou uma combinação de todos esses tipos de investimento.

De novo, existem diferentes opiniões dentre as escolas legais com relação ao que pode ser utilizado como contribuição de capital. Os *Malikis* e os *Shafi'is* permitem o crédito e os *Shafi'is* não permitem os bens móveis e imóveis e o trabalho. Para os *Ja'faris*, o *mam* só é válido quando toma a forma de uma sociedade financeira por meio da qual os contribuintes participam com dinheiro ou bens.

Os sócios em um *inam* repartem os lucros da forma acordada assim como compartem as eventuais perdas, na proporção de suas participações. Cada sócio é apenas o agente e não o avalista de seu parceiro de negócio e essa parceria é válida apenas para o negócio específico para o qual se associaram.

A associação resultante de um *mam* está restrita ao relacionamento dos sócios, no sentido de que apenas o sócio que concluir certa operação pode acionar um terceiro com o qual tenha contratado e o mesmo só poderá acionar esse sócio específico que o contratou. Isso se deve ao fato de que um *inam* implica uma associação de mútuos interesses mas sem garantias recíprocas. Como conseqüência, um sócio não pode ser responsabilizado pelo que é devido por seu colega de sociedade. Contas a pagar ou a receber por um dos sócios não podem ser cobradas ou recebidas por seus associados.

Sempre que um investimento for feito na mesma proporção pelos sócios, os lucros ou as perdas deverão ser assumidos nessa mesma proporção, caso contrário os sócios responderão na proporção exata de seu investimento. Portanto o *Shari-*

kat'inan forma a base do que se entende por uma sociedade islâmica.

Existe um consenso geral entre as escolas legais islâmicas de que o *Mudharaba* consiste de um contrato entre pelo menos duas partes pelo qual uma delas, o investidor ou *Rabb Al-mal*, dá em confiança recursos à outra parte a qual será o agente administrador, ou *Mudarib,* desses recursos. O *Mudarib* então empregará esses recursos de uma forma acordada com o investidor e depois retornará o principal junto com uma porção também previamente acertada dos lucros ao investidor, após reter sua participação.

A divisão dos lucros deverá ser proporcional e não poderá ser de um valor predeterminado tampouco poderá esse lucro ser garantido. O investidor é quem responderá pelas eventuais perdas mas somente até o montante do valor investido. O *Mudarib* não responde por essas perdas, mas apenas no que concerne às perdas de tempo e trabalho.

Existem estruturas semelhantes na lei ocidental, em particular na lei francesa, na qual esse tipo de sociedade é conhecido como Commenda e a empresa comercial é chamada de *Sóciete en Commandite simple* a qual deriva da Commenda dos tempos medievais. Também existe a figura da comandita simples nas leis brasileiras na qual o *Rabb Al-mal* seria o comanditário.

O professor Najib Saleh acredita que seja possível que a Commenda Ocidental tenha surgido a partir do *Mudharaba* resultando dos muitos contatos e intercâmbios entre o *Islã* e o Ocidente na Idade Média, da mesma forma que as Cruzadas sem dúvida foram desenvolvidas como uma resposta Cristã ao conceito das *Jihad*.

Entretanto, as empresas do tipo *Commandite simple* nunca foram muito populares no Ocidente onde a maioria das empresas são sociedades limitadas ou sociedades anônimas. As *Commandite simple* são mais usadas como sociedades em família quando a viúva, menores de idade ou incapacitados fazem parte da sociedade.

Os *Mudharabas* são vistos geralmente como a melhor forma de captação de recursos do público em geral para o investimento em empresas.

Todos os bancos islâmicos captam recursos através desse tipo de contrato e muitos deles também investem seus recursos através desse instrumento.

A justificativa para o *Mudarib* compartir os lucros com o investidor é o fato daquele ter prestado esse mesmo serviço. Se um investidor solicita uma garantia contra perdas o contrato não será mais um *Mudharaba*. A única garantia permitida pela lei islâmica seria contra o risco de negligência ou má-fé dos parceiros ou pelo não cumprimento do que fora acordado no contrato. O risco inerente a um contrato dessa natureza não pode ser segurado.

Para os *Malikis* e os *Shafi'is*, a única utilização de um contrato *Mudharaba* seria para as atividades de compra e venda de um bem, o mesmo não poderia envolver a performance no caso da produção de um bem por parte do *Mudarib*, o que no caso deveria ser usado seria um contrato de manufatura ou aluguel.

A escola *Hanafi* entretanto não faz objeção a que um *Mudharaba* seja usado quando o capital é envolvido em uma atividade de beneficiamento ou manufatura, como no caso onde um *Mudarib* ser encarregado de recursos com a condição de comprar matéria-prima e transformá-la em produto acabado e então vendê-los repartindo os lucros na base de um contrato *Mudharaba*.

A escola *Hambali* permite que o *Mudarib* e o investidor entrem em contratos separados, sendo um de manufatura e outro *Mudharaba*, desde que um contrato não seja uma condição do outro.

Os *Ja'faris* entendem que o *Mudarib* deverá ser responsabilizado caso ele receba recursos financeiros que não esteja apto para usar ou investir e o investidor não tenha conhecimento de sua incompetência. Porém, se o investidor souber da incompetência do *Mudarib*, então este não poderá ser responsabilizado.

Os *Ja'faris* também restringem os *Mudharabas* às compras e vendas de mercadorias e atividades correlatas.

O capital de um *Mudharaba* deve ser constituído por dinheiro. Entretanto, há uma certa controvérsia quanto à aceitação de barras de ouro ou outro metal precioso.

É importante dizer que todas as maiores escolas consideram os bens e as propriedades (*urud*) inelegíveis para contribuírem como capital em um *Mudharaba*. Na prática, isso significa que o capital de um *Mudharaba* tem de ser constituído somente por dinheiro e não por outro tipo de bens.

A razão para essa rejeição está baseada no fato de que o preço de bens móveis ou imóveis pode flutuar entre a data que os mesmos forem enviados ao *Mudarib* e a data de sua conversão em dinheiro. Como resultado, o *Mudharaba* fica exposto a um risco indefinido e indeterminado além do fato de que o *Mudharaba* no instante zero também ser incerto, uma vez que não se sabe de antemão quando os recursos financeiros estarão disponíveis. Isto envolve uma forte evidência de *gharar* e levou a uma discussão que decidiu pela proibição do uso de bens nos investimentos do tipo *Mudharaba*. Entretanto, há uma exceção a essa regra das escolas legais islâmicas. Os *Hanifis* e os *Hambalis* permitem o estabelecimento de um *Mudharaba* com os recursos oriundos da venda de alguns bens específicos tão logo os mesmos tenham sido vendidos e não antes disso. Dessa maneira o capital na mão é o resultado da venda de um bem e não o bem propriamente dito. Essa decisão foi baseada no fato dessa escola entender que um *Mudharaba* pode ser estabelecido de forma contingenciada ao atendimento de uma precondição, nesse caso a venda dos bens.

Nenhuma das grandes escolas permite o estabelecimento de um *Mudharaba* entre um credor e um devedor, tendo o credor solicitado que o débito seja considerado como uma contribuição de capital. Entretanto os *Hanafis* e os *Hambalis* permitem que um agente-administrador seja apontado para fazer a cobrança da dívida e uma vez cobrada e paga, que esses recursos sejam usados como capital.

Os *Shafi'is* parecem ter entendimentos conflitantes sobre essa questão, uma vez que o jurista Ibn Rushd opina de forma favorável a esse respeito em seu livro *Bidayat Al-Mujtahid*, enquanto o jurista Jaziri se coloca contra essa prática em seu estudo *Al-Fiqh'ala al-Mudhahib*.

Os *Malikis* não permitem essa prática, uma vez que ela adiciona uma carga a mais ao *Mudarib* e assegura uma vantagem extra ao investidor (i.e., o trabalho de cobrar a dívida) a qual não é nem parte do capital nem parte dos lucros e, portanto, é ilegítima. Também é importante de se estar ciente que este tipo de negócio sob esta estrutura de *Mudharaba* é um contrato voluntário e não obrigatório o qual deixa de existir com a morte do investidor.

Em um *Mudharaba* tanto o *Mudarib* quanto o investidor tem seus direitos e obrigações. Basicamente, a única obrigação do investidor é liberar os recursos. Entretanto, como o *Mudharaba* não é um contrato obrigatório, ele pode ser terminado a qualquer momento e, por isso, um investidor pode retirar seu capital. Isso não constitui uma quebra de contrato. Como resultado, alguns juristas ocidentais vêem as leis que regem os contratos islâmicos mais como uma forma de transferência de posse de algo do que um contrato pleno no sentido ocidental.

Embora o investidor possa pegar de volta seu capital a qualquer momento, ele não pode pedir que o *Mudharaba* lhe dê garantia disso. De acordo com Ibn Hanbal e Abu Hanifa essa condição é sem validade, efeito ou valor embora o contrato propriamente dito permaneça válido, porém tanto a escola *Maliki* quanto a escola *Shafi'i* consideram que o contrato em sua totalidade poderá ser considerado inválido caso haja essa condição.

A razão pela qual não é aceitável a solicitação de uma garantia é porque o *Mudarib* ou outro parceiro é considerado uma pessoa digna de confiança (*amin*) com relação aos recursos que lhes são enviados para administrar. Por isso esse parceiro não pode ser responsável por nenhuma perda que venha a ocorrer no curso normal dos negócios, exceto quando acontecer uma quebra de confiança. Por exemplo, essa quebra ocorreria se o *Mudarib* deixasse de cumprir alguma das condições implícitas e explícitas do acordo *Mudharaba*.

As condições implícitas de um *Mudharaba* variam de acordo com as diversas escolas legais. Elas não derivam das teorias gerais de um *Mudharaba* mas surgem a partir do que deve ser descrito como um "caso legal". Entretanto, alguns desses casos em questão são apenas teóricos, assim como outros são casos práticos os quais foram analisados.

Em linhas gerais, a legitimidade da ação de um *Mudarib* pode geralmente ser medida comparando-a com a prática de mercado. Portanto, se essas ações estão em conformidade com tais práticas então as ações são consideradas legítimas e de responsabilidade do investidor, a menos que isso transgrida alguma das cláusulas pré-acordadas nos termos do *Mudharaba*.

Esses critérios têm sido adotados por todas as escolas legais islâmicas com exceção da escola *Shafi'i* que adota uma variante próxima que é essencialmente a mesma da doutrina legal comum do homem prudente. Em outras palavras, o *Mudarib* deve agir como qualquer homem prudente agiria.

Como cada escola tem suas peculiaridades é imperativo conhecer o treinamento escolástico e a vivência de um jurista em particular quando se examina a estrutura legal de uma operação islâmica específica, especialmente quando tão poucos juristas têm treinamento na área de *fiqh al-muamallat*, quanto mais qualquer experiência nas práticas comerciais modernas.

Um exemplo de um *Mudarib* atuando fora do escopo do acordado, em um contrato *Mudharaba* específico, seria a venda a prazo de uma mercadoria em um contrato que não permitisse a venda a prazo.

As escolas *Hanafi* e *Hambali* permitiriam que essa venda fosse feita sem que houvesse o acordo específico por que vendas a prazo são uma prática costumeira de mercado. Entretanto, os *Shafi'is* e os *Malikis* negariam o direito do *Mudarib* fazer essa venda devido à ausência de um acordo específico para fazê-lo.

Outro direito do investidor é o de dividir os lucros. A divisão de lucros deve ser determinada em uma base proporcional severa, caso contrário a sociedade será invalidada.

Outra forma na qual um *Mudharaba* pode ser invalidado com respeito à divisão dos lucros seria se alguma das partes estipulasse que uma determinada quantia em dinheiro deveria ser dada a ela como parte de seu retorno esperado, ao invés de, ou além da parte proporcional já acordada. Esse acerto seria considerado inválido devido ao conceito legal islâmico de *gharar* ou risco. Um contrato que contenha *gharar* não é válido sob as leis islâmicas. A existência futura de um montante de recursos é incerta na hora que a promessa é feita e o percentual real de lucro a ser ganho é ainda desconhecido.

Finalmente, a outra razão pela qual um acordo pode ser considerado ilegal é quando não é o risco do negócio que se está remunerando, mas a simples remessa dos recursos do *Mudarib*. Isso então evidencia a simples troca de dinheiro por dinheiro em proporções desiguais o que, portanto, introduz o *riba* no contrato, o que o torna um contrato ilegal sob as leis islâmicas.

Segundo o *fiqh* dos *Malikis* é possível que todo o lucro ganho por um *Mudharaba* fique com o investidor ou com o agente-administrador desde que o mesmo seja doado como um presente.

Os *Shafi'is* e os *Hambali* consideram inválida a cláusula que assegura todos os lucros do *Mudharaba* somente para uma das partes, pois isso conflitaria com os objetivos e a essência do conceito do *Mudharaba*. Um desses propósitos é o de estabelecer um relacionamento de partilha de lucros entre capital e trabalho.

Os *Hanafis* entendem que se todos os lucros forem para o *Mudarib*, então este não será mais um *Mudharaba* e sim um contrato de empréstimo. Em tal contrato o tomador dos recursos é responsável por devolver os recursos ao doador dos mesmos. Se todo o lucro estiver assegurado ao investidor então os *Hanafis* entendem que ao invés de um *Mudharaba* este será um *Ibda'* o qual é uma forma especial de contrato através do qual o capital é remetido a uma pessoa que o investirá, sabendo que todos os lucros serão devidos ao dono do capital.

A posição dos *Jafaris* é, em essência, a mesma dos *Shafi'is* e dos *Hambalis*. O investidor tem uma responsabilidade limitada. Portanto, somente o capital disponibilizado pelo investidor está em risco. Todas as escolas legais entendem que o *Mudarib* não tem o direito de comprometer o *Mudharaba* em nenhuma transação que envolva valor superior ao total do capital do *Mudharaba*. Se o *Mudarib* quebrar essa condição, então ele ficará responsável pelo compromisso assumido acima do valor do capital do *Mudharaba*.

É importante ter em mente que as leis islâmicas não prevêem a separação de ativos entre a empresa e os sócios como uma forma de definir responsabilidades entre os sócios e com relação a terceiros. Como princípio, a responsabilidade dos parceiros em todas as sociedades islâmicas é ilimitada, exceto no caso de um investidor em um *Mudharaba*. Um estudioso ocidental que estudou essa área foi o professor Udovitch, o qual analisou a aplicação dos princípios do *fiqh al-muamallat*, feito por diversos importantes juristas.

Esses conceitos de responsabilidade ilimitada que afetam as leis islâmicas são diferentes apenas no que se refere ao Mudharaba, é por essa razão que, embora permitido, o *Mudharaba* não se enquadra nas leis islâmicas gerais.

Existem várias obrigações e direitos para um *Mudarib*. Primeiro, o *Mudarib* tem de fazer jus à confiança depositada nele pelo investidor, enquanto na condução dos negócios do *Mudharaba*. Ele deve cumprir com todos os termos e as condições do acordo e, se houver algum problema que não esteja previsto no contrato, então a prática costumeira de mercado deverá ser seguida. Como foi dito, essas práticas não são uniformes dentre todas as diversas escolas legais. Porém, todas as escolas concordam que o *Mudarib* não tem nenhuma autoridade de tomar recursos emprestados em nome do *Mudharaba* a menos que ele seja específicamente autorizado a fazê-lo sob os termos do contrato *Mudharaba*. Essa restrição é um corolário da natureza de responsabilidade limitada do investidor dentro de um contrato *Mudharaba*.

O *Mudarib* não pode assumir gastos além do total do capital do *Mudharaba* mesmo que seja para despesas necessárias para transporte, conservação, transformação ou melhora das propriedades do *Mudharaba*. Como dito anteriormente, O *Mudarib* será pessoalmente responsabilizado por quaisquer gastos dessa natureza que por ventura excedam o capital do *Mudharaba*. Este é o único caso além da quebra de confiança em que o *Mudarib* pode ser responsabilizado pessoalmente.

O *Mudarib* também é responsável por reconverter em dinheiro o investimento *Mudharaba*. Esse ponto é importante porque é apenas quando o investimento *Mudharaba* é reconvertido em dinheiro que o lucro do *Mudharaba* pode ser disponibilizado para as partes envolvidas. Além disso, de acordo com os juristas Jasiri, Al-Shammakhi, *Al-Shafi'i* e Ibn Qudama o *Mudarib* deve pegar sua parte dos lucros na presença do investidor. Questiona-se se a liquidação de um *Mudharaba* ficaria a cargo do *Mudarib* o qual deliberaria sobre o melhor momento para tal liquidação ou se isso poderia ser solicitado e/ou exigido pelo investidor à sua revelia.

Há circunstâncias como no caso de morte ou incapacidade de uma das partes contratantes em que o *Mudharaba* é automaticamente terminado. Embora os *Malikis* não considerem que por si só a morte de um dos contratantes resulte no encerramento do contrato *Mudharaba*.

Um problema que pode ser levantado com relação ao encerramento de um *Mudharaba* é o fato de este não ser um contrato de investimento a prazo fixo e, portanto, o investidor pode pedir seu dinheiro de volta a qualquer momento. Como resultado disso, o *Mudharaba* pode ser visto mais como um relacionamento fiduciário do que como uma sociedade. Não há a necessidade de romper o contrato para que o investidor possa pegar seu dinheiro de volta, basta que ele queira fazê-lo.

O fato de esse arranjo contratual frouxo poder levar a potenciais conflitos principalmente quando o *Mudarib* tem que tomar decisões sobre quando comprar ou vender um ativo leva a diversas soluções dadas pelas escolas legais.

Os *Hambalis* e os *Shafi'is* assumem que se o *Mudarib* decide vender os bens do *Mudharaba* a um determinado lucro esperado mas é instruído a não fazê-lo por determinação do investidor, então o *Mudarib* pode não levar em consideração as instruções do investidor e prosseguir com a venda.

Entretanto se não se espera produzir um certo lucro com essa venda, então o investidor tem o direito de evitar que ela aconteça. Se o investidor especificamente solicita que a venda dos ativos do *Mudharaba* seja feita, a lei *Shafi'i* entende que o *Mudarib* está obrigado a aceitar as instruções do investidor, independentemente da lucratividade potencial dessa venda. Enquanto isso os *Hambalis* dizem que o *Mudarib* só estaria obrigado a executar a venda se a mesma resultasse em um lucro. Já os *Hambali* têm uma posição um pouco mais complexa sobre isso, uma vez que defendem que não se pode forçar o *Mudarib* a vender as propriedades do *Mudharaba*, assim como não se pode evitar que ele o faça. Os *Malikis* advogam que se uma disputa dessa natureza acontecer então um terceiro que tenha *expertise* no assunto deverá ser consultado. Os *Jafaris* ensinam que o *Mudarib* tem o compromisso de atuar de acordo com as instruções do investidor. Portanto, o *fiqh* islâmico tenta manter um equilíbrio entre os vários aspectos do *Mudharaba* como o direito reconhecido de tanto o investidor quanto o Mudarib terminar o *Mudharaba* por uma simples vontade, o direito do *Mudarib* não ser privado de sua esperada participação nos lucros apesar da decisão do investidor de terminar o *Mudharaba* prematuramente e, finalmente, a expectativa da incerteza de ter seu investimento de volta somado à sua participação nos lucros, não sendo a mesma afetada pela descontinuação antecipada do contrato devido a uma decisão unilateral do *Mudarib* feita em um momento impróprio. Portanto, a forma mais apropriada para a descontinuação de um *Mudharaba* seria as circunstâncias normais, i.e. através da venda dos ativos pelo *Mudarib* em momento apropriado e a devolução do capital ao investidor, bem como sua parcela de lucros ou perdas de acordo com a situação.

Outra questão levantada pelos juristas é se um *Mudharaba* pode ou não ter uma duração determinada. Os *Malikis* e os *Shafi'is* recusam-se a reconhecer a validade de um *Mudharaba* com prazo determinado. Os *Hanifis* e *Hanbalis* não vêem contradição entre os princípios de um *Mudharaba* e o fato do mesmo ter uma duração predeterminada. O racional por detrás da aceitação de uma duração predeterminada é que se as duas partes concordam que o *Mudharaba* vai terminar em uma data predeterminada no futuro, então ambos podem tomar todas as precauções necessárias de forma a não terem surpresas quando o fim se aproximar. Entretanto, mesmo em um *Mudharaba* por tempo predeterminado tanto o *Mudarib* como o investidor têm o direito de se retirar do *Mudharaba* se lhes der vontade. É claro que o *Mudarib* está proibido de atuar em nome do *Mudharaba* depois que o tempo acordado tiver passado.

Portanto, o *Mudarib* tem o poder de agir com liberdade na operação do *Mudharaba* dentro dos parâmetros acordados. O investidor pode dar instruções e impor restrições as quais podem ter certos efeitos. Por outro lado, o *Mudarib* é livre para operar o *Mudharaba* como ele entende que seja adequado e se as instruções do investidor tiverem o efeito de paralisar a liberdade de ação do *Mudarib* ou frustrar o propósito acordado para o *Mudharaba*, então as instruções serão consideradas nulas e sem efeito.

Existem, claro, diferentes interpretações entre as várias escolas quanto ao tipo de instruções que poderiam paralisar o *Mudharaba*. Por exemplo, os *Hanafis*, *Malikis* e *Shafi'is* concordam que o investidor não pode agir de uma forma que leve a crer que ele está atuando em nome do *Mudharaba*; enquanto isso, os *Hambalis* e os *Jafaris* entendem que o investidor pode aconselhar o *Mudarib* até um limite razoável.

O *Mudarib* tem o direito de deduzir todos as despesas incorridas que sejam inerentes ao negócio de gerir o *Mudharaba* a partir do capital posto sob sua guarda pelo investidor. Há um limite para essa liberdade a qual deverá estar em conformidade com as práticas comerciais usuais e que o *Mudharaba* seja administrado de acordo com a confiança nele depositada a fim de proteger o capital.

Todas as escolas concordam com esse princípio. Porém, com respeito ao tratamento dado às despesas pessoais do *Mudarib* há divergências. Os *Hanafis* dizem que o *Mudarib* tem o direito de se reembolsar das despesas incorridas por ele devido à condição dos negócios do *Mudharaba*. São também da opinião de que o direito a esse reembolso não precisa estar expressamente estipulado nos termos do Mudharaba. Os *Hambalis* têm uma abordagem mais pragmática que diz que as despesas pessoais do *Mudarib* devem ser deixadas para um entendimento a se chegar entre o *Mudarib* e o investidor. Os *Shafi'is* ensinam que o *Mudarib* não pode deduzir suas despesas pessoais a menos que as mesmas sejam oriundas de uma viagem de trabalho e o investidor tenha expressamente autorizado essa dedução.

É necessário que o acerto acerca da divisão dos lucros seja detalhado no contrato *Mudharaba*. Todas as escolas concordam que a menos que a partilha seja feita numa base estritamente proporcional, o contrato *Mudharaba* poderá ser invalidado.

Estas são, então, as únicas formas por meio das quais entidades de propriedade conjunta podem ser estruturadas sob a lei islâmica.

O *Sharikat'man* pode ser equacionado à condição de uma sociedade anônima e o *Mudharaba* pode ser equacionado à condição de um fundo mútuo ou a um *truste*. A utilização de um *Mudharaba* como um fundo mútuo é geralmente conhecido como um *Mudharaba* complexo, uma vez que existirão diversos investidores envolvidos. O fato de que um fundo mútuo é constituído geralmente como uma empresa de capital limitado e variável está de acordo com os critérios islâmicos para um *Mudharaba* de dar uma responsabilidade limitada ao investidor e dar ao investidor um veículo de onde o mesmo possa tirar seu capital quando quiser.

Assim como nos prospectos dos fundos mútuos, os contratos *Mudharaba* estipulam como os recursos deverão ser investidos e esclarecem todas as questões que poderão ser passíveis de discussão.

Estas são as formas nas quais os negócios conjuntos podem ser conduzidos dentro das regras e das leis islâmicas. O *fiqh al-muamallat* é bastante complexo e há um constante e vigoroso debate entre os juristas, os quais tentam aplicar os princípios e os conceitos dessa área do *fiqh* às mais complexas práticas comerciais do mundo moderno.

Questões Legais Convencionais nas Operações Financeiras Islâmicas

- *Impostos*
- *Responsabilidades*
- *Garantia*
- *Recaracterização*
- *Natureza das obrigações*
- *Regras Locais*
- *Fraude*

As considerações legais a seguir tomarão como base as leis inglesas, por serem muito freqüentemente adotadas em contratos internacionais e pela já familiaridade com as operações islâmicas.

A natureza particular das estruturas financeiras islâmicas pode levantar um número de questões legais envolvendo a potencial exposição da instituição financeira islâmica a riscos os quais merecem certas considerações. Isso envolve questões que não seriam levantadas se a operação fosse estruturada da forma convencional. Exemplos disso incluem o seguinte:

Garantias – Mesmo que a propriedade do ativo pela instituição financeira tenha sido só por um pequeno espaço de tempo, como acontece, por exemplo, no caso de um financiamento do tipo *Murabaha*, será necessário considerar, sob a relevante jurisdição ou a lei que governa o contrato, se a instituição financeira islâmica deverá dar alguma garantia em relação aos ativos comprados e vendidos. Isso leva à pergunta se é possível excluí-las sob (a) os princípios do *Shariah* ou (b) sob a relevante lei aplicável, que poderá ser escolhida entre a lei que governa o contrato e/ou a lei do país no qual a operação terá lugar. O tipo de garantia a que esta consideração se aplica poderá incluir garantia quanto à titularidade e quanto aos ativos estarem adequados à compra ou à qualidade da mercadoria.

Como dito anteriormente, considerando os princípios básicos do *Shariah* será difícil excluir as garantias que normalmente envolve uma venda convencional com base no fato de que um vendedor deverá realmente vender os ativos que são passíveis de serem vendidos. Ainda que os consultores do comitê *Shariah* aprovem a instituição financeira islâmica a excluir as garantias, será necessário considerar a aplicabilidade de tal exclusão sob a ótica das leis dos países envolvidos na operação.

Impostos

É importante considerar se a estrutura de financiamento islâmica escolhida implica alguma forma de taxação de impostos.

Os impostos mais óbvios de serem considerados são os de renda, sobre lucros, sobre ganhos de capital e taxas de serviços. Imposto sobre valor agregado pode também ser relevante considerando-se os aspectos de compra e venda existentes em um grande número de estruturas de financiamento islâmico. Pode ser que, por exemplo, como resultado de haver efetuado uma compra e venda a instituição financeira islâmica seja considerada como geradora de imposto em um determinado país e, portanto, obrigada a recolher tributos naquele local. Isenções de impostos na fonte ou dedução de pagamentos de impostos que possam ser usufruídos por doadores de recursos com relação a pagamento ou recebimento de juros, por definição, não se aplicarão a estruturas de financiamento islâmico envolvendo a venda de mercadorias.

Esse é um problema que pode aparecer principalmente em relação ao financiamento de *commodities* no tipo de operação *Murabaha*. Em algumas jurisdições altas taxas de impostos são cobradas sobre o lucro bruto obtido (sujeitos a certas deduções) no caso de qualquer transferência de titularidade, por não residente, de qualquer instrumento ou papel representando a propriedade de ativos. Isso é relevante se, por exemplo, a titularidade sobre uma *commodity* em questão está sendo transferida por endosso do equivalente local a uma fatura de venda. Se, por outro lado, a operação tiver de ser estruturada de uma forma convencional, isto é, como um empréstimo a juros garantido pelo bem, há a possibilidade de um imposto de renda muito mais reduzido a ser pago sobre os juros. Em casos como esse será necessário tentar convencer as autoridades fiscais relevantes a considerarem a operação como uma operação financeira para fins de imposto de forma que não haja desvantagem para as partes envolvidas, só por que a operação está sendo feita por um banco islâmico em vez de um banco convencional.

Responsabilidades

Como resultado do fato de que a instituição financeira islâmica será a dona dos ativos, não apenas no contexto de um *Murabaha* (compra e venda), mas também em um arrendamento, a questão que precisa ser considerada é quais são as responsabilidades, se é que existem, a serem assumidas por conta de ter a propriedade dos bens.

Essas responsabilidades podem incluir danos a terceiros, como morte, ferimento ou danos à propriedade. Além disso, a instituição pode ser responsável por danos ambientais resultantes de ativos de sua propriedade. Essas considerações poderiam sugerir o desejo de transferir a titularidade sobre o ativo o quanto antes possível, talvez deixando o pagamento devido à instituição financeira para ser pago a prazo. Evitar a exposição ao risco de responsabilidade, portanto, deve ser balanceada com a questão de crédito decorrente de passar adiante as mercadorias antes de receber o pagamento total.

Do ponto de vista apenas creditício pode parecer desejável ter a retenção da titularidade, através da qual a propriedade das mercadorias não é transferida ao comprador até que o pagamento seja totalmente efetuado (embora possa ser necessário assegurar-se de que isso seja aceitável pela instituição financeira islâmica envolvida).

Garantia

A questão da garantia não é reconhecida por todas as instituições financeiras islâmicas. Como as estruturas financeiras islâmicas são baseadas na partilha dos lucros e perdas a questão da garantia pode parecer difícil de justificar. De qualquer forma, em diversas estruturas islâmicas, principalmente nas de arrendamento envolvendo navios e aeronaves já foi possível estruturar a operação de forma a incluir elementos de segurança. Com relação a isso também será necessário considerar a posição da jurisdição na qual a operação acontece, no que concerne às medidas de segurança. No Paquistão, por exemplo, as garantias são permitidas e a documentação padrão dos financiamentos islâmicos emitidos pelo Ministério das Finanças, em 1992, a qual foi aprovada pelo alto comando religioso permite tomar médidas de segurança.

Questões relativas ao câmbio de moeda estrangeira

1) A compra e venda de moeda não é permitida no Islã. Portanto, a troca de moedas é feita à uma mesma taxa de mercado.

2) No Islã não se pode vender ou trocar a menos que você possua esse bem, por isso o montante total do contrato de câmbio deverá estar disponível.

3) A atividade de câmbio de moeda está limitada apenas à modalidade *spot*.

Recaracterização

Por recaracterização entende-se o risco que um determinado acordo contratual pode estar sujeito tanto em relação ao fato de que a operação como um todo possa ter sido uma farsa quanto ao fato de que o acordo em que as partes entraram não se enquadra na categoria legal na qual as partes queriam que se enquadrasse. Isso pode acontecer com relação ao financiamento islâmico particularmente quando as partes envolvidas em uma transação financeira islâmica conscientemente buscaram estruturar o financiamento como uma compra e venda em circunstâncias onde um financiamento convencional poderia ter sido feito tendo o bem como garantia. Essa questão é particularmente significativa em jurisdições como o Reino Unido onde as garantias têm de ser registradas de forma a terem valor contra terceiros. Se uma empresa que estiver participando de uma operação islâmica entrar em processo de liquidação e o liquidante verificar que essa operação tem uma garantia que não foi registrado, como manda a lei, a instituição financeira islâmica poderá perder seus direitos para outros credores que, embora estivessem classificados para receber seus créditos após a instituição financeira islâmica, estejam em linha (ou em acordo) com a legislação local. Essa é, portanto, uma questão que deve ser considerada com relação às leis de cada jurisdição nas quais as partes estão incorporadas e nas quais cada parte relevante do contrato deve ser executada. Sob a lei inglesa, para que uma documentação seja considerada imprópria, todas as partes devem ter o entendimento comum de que a documentação não cria os direitos e as obrigações legais que ela parecia criar. A possibilidade de uma disputa judicial será remota se as partes contratantes criarem os direitos e as obrigações que pretendiam; e se ficar comprovada a inexistência de um arranjo paralelo para que uma outra empresa diferente das documentadas seja uma das partes contratantes.

Além disso, se constatado que a documentação não é apropriada, deve-se observar se existem outros princípios legais pelos quais uma corte inglesa possa contestar o enquadramento ou não do acordo entre as partes na categoria legal em que estas pretendem celebrá-lo. O ponto principal desse assunto refere-se a um esquema particular que foi criado para permanecer fora do balanço em circunstâncias onde o mesmo efeito econômico poderia ser conseguido pelo empréstimo direto com garantia. A corte indicada para avaliar se a

> **Principais dificuldades**
>
> 1) Mobilização de grandes volumes, os quais ficarão improdutivos;
>
> 2) Baixo giro;
>
> 3) Riscos envolvidos em uma posição feita em uma determinada moeda.

operação é outra diferente daquela que ela pretendia ser levará em consideração as circunstâncias particulares como um todo e considerará a descrição que as partes fornecem sobre as operações. As cortes claramente assumirão que operações podem ser estruturadas de formas diferentes para atingir os mesmos efeitos econômicos e indicarão em termos claros que eles serão relutantes em categorizar uma operação como algo diferente daquilo que ela se propõe a ser. Por exemplo, se operações estruturadas como vendas são em realidade empréstimos com garantia real. Embora em muitos casos um mesmo efeito econômico possa ser alcançado por um empréstimo a juros, uma operação islâmica é estruturada de uma forma mais complexa para cumprir com os princípios religiosos. Não é fácil de ver como, no que se refere à lei inglesa, um credor insatisfeito poderia ter sucesso em questionar a validade de tal estrutura com base no fato de que o mesmo efeito econômico poderia ser atingido por uma estrutura diferente mais simples.

Para que a validade de um determinado financiamento islâmico esteja protegida e que qualquer risco de que este seja caracterizado pelas cortes de uma forma contrária às inten-

> **Possíveis soluções para grandes volumes**
>
> 1) Investir em um Banco Islâmico em uma conta de investimento.
>
> 2) Oferecer o investimento como garantia para um Qardh Al Hassan.

ções das partes, é crucial que o acordado seja documentado muito claramente e em particular que a terminologia correta o evidencie como compra e venda (no caso de uma operação *Murabaha*) e não como um empréstimo com garantia. Além disso, é bom considerar se existem nas circunstâncias particulares da estrutura escolhida outros passos que podem ser dados para proteger a posição da instituição financeira islâmica. Dependendo da estrutura da operação, por exemplo, verificar se é possível ter o direito de lançar mão do bem comercializado como garantia adicional. A estruturação deverá ser tal que proteja a instituição financeira islâmica no caso de a operação ser recaracterizada.

Natureza das Obrigações

Embora uma operação financeira islâmica possa ter sido estruturada nos termos de sua natureza legal como uma compra e venda, é importante para a instituição financeira islâmica envolvida, estar apta a estabelecer, até onde isso seja possível, que as somas devidas a ela por seu cliente por conta da operação são uma simples dívida. Normalmente não há muita complicação no caso de uma operação financeira convencional quando o doador dos recursos tiver simplesmente dado um empréstimo; se este for ou não garantido pelo bem ou se for concedido para o financiamento de um bem, o repagamento do empréstimo e o pagamento dos juros não estarão sujeitos a nenhuma condição relativa ao ativo, como, por exemplo, sua aceitação pelo cliente. No caso da operação islâmica, há uma maior exposição na medida em que a estrutura legal da operação possa dar base para que o cliente possa ligar sua obrigação de pagar a soma devida ao cumprimento pela instituição financeira islâmica dos termos do contrato de venda. Pode-se imaginar circunstâncias nas quais disputas podem acontecer levando a instituição financeira islâmica a não poder exigir o preço total de venda a prazo. É claro que havendo disputas, com base em defeitos ou discrepâncias nos bens adquiridos a instituição financeira islâmica pode muito bem fazer as mesmas reclamações ao fornecedor das mercadorias, mas isso será feito só em último caso. A extensão na qual essa exposição pode ser eliminada nos contratos é limitada, considerando-se que tais contratos têm que cumprir as leis islâmicas.

Regras Locais

As partes envolvidas em uma operação de financiamento islâmica devem ser cautelosas com as leis da jurisdição onde estão incorporadas ou com os países que possam estar envolvidos na operação, para que a transação (ou parte dela) não seja julgada nula ou ilegal. Nesse contexto deve-se notar que não há evidências para que a legislação inglesa desconsidere contratos governados por essa lei apenas baseada no fato de que, embora de acordo com as leis que regem tais contratos estes são contrários às leis e aos princípios religiosos das partes envolvidas.

Entretanto, a lei inglesa pode impedir a operação caso esta implique necessariamente um ato ilícito pelas regras locais onde tal ato deva ser executado.

Fraude

A natureza particular de alguns financiamentos islâmicos, em particular os *Murabahas*, é tal que são susceptíveis à fraude por parte da contraparte muito mais do que se fosse utilizada uma estrutura de financiamento convencional: há o risco de a operação comercial não existir de fato ou estar sendo duplamente financiada. Esta é, portanto, uma consideração que a instituição financeira islâmica deve fazer antes de entrar em uma relação contratual com suas contrapartes.

Qualquer operação que envolva o Reino Unido, por exemplo, estará sujeita à lei de lavagem de dinheiro 1993, a qual está em vigor desde primeiro de abril de 1994. Por isso a instituição financeira islâmica deve cuidar para que ela própria e todos os envolvidos na operação estejam de acordo com tais exigências legais. Isso significa verificar as assinaturas de todos os participantes, inclusive no exterior, utilizando-se de abonos dessas assinaturas por instituições financeiras. Um agente legal poderá ser apontado para acompanhar o processo o qual deverá incluir cópias autenticadas do certificado de incorporação das empresas participantes, ata da diretoria autorizando a operação e abertura das relevantes contas correntes, bem como dando poder àqueles que irão movimentá-las. Um registro na junta comercial relevante também seria apropriado.

Além disso, qualquer informação que seja solicitada e possa ser útil para um eventual processo de auditoria deverá ser obtida e mantida nos arquivos por pelo menos cinco anos após o encerramento das relações comerciais. Isso inclui cópias originais ou autenticadas dos documentos da operação e informação adicional que contenham detalhes como o volume de recursos passando pelas contas, a origem de tais recursos (se conhecidos), a forma em que esses recursos foram oferecidos e sacados, dados da pessoa responsável pela operação ou operações, destino dos recursos etc.

A Lavagem de Dinheiro e o Financiamento ao Terrorismo

- *A Guerra Financeira Contra o Terrorismo – Buscando as Soluções e Acabando com os Equívocos*
- *O que é Terrorismo?*
- *As Considerações do FMI*
- *A Experiência de Bahrain*
- *A Posição do Catar*
- *Os Esforços do Paquistão*

A questão da lavagem de dinheiro tem sido, talvez, a maior preocupação da banca convencional nos últimos tempos. Todo o sistema financeiro internacional tem se mobilizado no sentido de buscar mecanismos que dificultem essa prática e os holofotes tentam iluminar os mais obscuros caminhos rastreando o dinheiro oriundo do tráfico de drogas, da corrupção política, de outras práticas ilícitas e mais recentemente dos recursos que financiariam o terrorismo. Por falta de informação e dados mais acurados muitas vezes se relaciona a banca islâmica ou algumas instituições financeiras islâmicas ou de benemerência com essa prática. Os textos a seguir mostram os equívocos a que a falta de informação pode levar e também evidenciam que a banca islâmica está tão preocupada com essa questão quanto seus pares convencionais. Grande parte do material citado é resultado de um evento patrocinado pelo Institute of Islamic Banking and Insurance, com sede em Londres, que reuniu especialistas, reguladores e membros de governos e organismos internacionais para discutir essa questão em abril de 2002.

A Guerra Financeira Contra o Terrorismo – Buscando as Soluções e Acabando com os Equívocos

Na opinião do professor Shahid Burki, graduado em Física e Economia em Harvard, ex-membro do governo paquistanês e do Banco Mundial, este tema cobre um vasto terreno. Infelizmente, o terreno é acidentado e cheio de sombras causadas por inúmeros eventos recentes na história mundial. A questão incorpora três termos que têm desafiado a definição a despeito do grande volume de literatura produzida sobre ele ao longo dos últimos meses. Desde o episódio de 11 de setembro de 2001, uma grande indústria se desenvolveu na análise de vários aspectos do terrorismo internacional.

Segundo o professor Burki, os três termos ambíguos neste tema são terrorismo, suporte financeiro para essa atividade e controle destes dois fenômenos. O controle só pode ser feito quando está claro o que deve ser controlado.

Prosseguindo na discussão dessas três questões, a primeira coisa a ser comentada é por que tanta confusão ainda persiste na terminologia usada; a segunda é qual o montante total do fluxo de recursos e sua direção, e que percentual pode ser associado com o terrorismo e a terceira é o que pode ser feito pela comunidade internacional de forma a controlar e regular esse fluxo de recursos que pode ser utilizado em atividades condenadas por todas as nações do mundo.

O que é Terrorismo?

Por que o termo terrorismo é tão difícil de definir apesar de toda a atenção que tem recebido desde que os terroristas derrubaram as torres gêmeas do World Trade Center em Nova Iorque e o Pentágono em Washington? Esses atos foram claramente terroristas uma vez que inocentes civis foram mortos sem que pudessem se defender. Aqueles que financiaram esses ataques sem dúvida se envolveram em uma atividade que nenhum grupo de indivíduos ou Estado poderia apoiar, e se houve tal apoio, essas pessoas deverão estar sujeitas a sanções internacionais incluindo o uso da força. Porém definições claras e não ambíguas não nascem a partir de eventos particulares como esse de 11 de setembro.

O terrorismo não se enquadra sob as leis da guerra que foram desenvolvidas ao longo dos últimos 50 anos. Mas seriam as guerras travadas somente entre Estados? Haveria circunstâncias em que fosse possível o oprimido adotar táticas não convencionais contra o opressor? Como a guerra de libertação e resistência contra ocupação poderiam ser conduzidas sem serem rotuladas como atos de terrorismo? Essas são perguntas difíceis que não poderíamos responder, mas antes de deixar este assunto seria importante salientar um ponto. Olhando para trás na história, por diversas vezes, várias formas de combate nos últimos séculos que em certo momento foram tidas como terrorismo em princípio, depois puderam adquirir a dignidade de uma série de atos legais, sempre que os objetivos perseguidos foram conquistados. De fato o que os britânicos chamaram de terrorismo dos residentes da colônia americana foi posteriormente chamado de guerra de independência americana. Os historiadores ocidentais não se referiam à série de atos brutais cometidos pelos sionistas antes que fosse estabelecido o Estado de Israel como terrorismo. Da mesma forma, os historiadores do futuro poderão ver com outros olhos os presentes conflitos da Tchetchênia, da Casimira e da Palestina caso os objetivos dos envolvidos tenham sido atingidos. Dito isso, agora discorrerei sobre financiamentos e sua relação com o terrorismo. Fontes de financiamento ao terrorismo – muito se têm falado sobre a habilidade com que grupos terroristas têm obtido significativos volumes de recursos no exterior – são provenientes de grupos que apóiam as várias causas que eles defendem. Fala-se que as atividades dos muçulmanos que estão disseminando sua guerra ao redor do mundo são financiadas, em grande parte, pela diáspora muçulmana na Europa e na América do Norte. Se esse é realmente o caso, seria conveniente refletir sobre o tamanho das riquezas e dos ganhos de várias comunidades muçulmanas formadas nos últimos cem anos em muitos países do mundo desenvolvido e os destinos dados a essas riquezas. Não há estimativas reais conhecidas sobre o número de pessoas que vivem nessas diásporas, sua renda agregada, quanto poupam por ano, a riqueza que eles fizeram ao longo do tempo e o quanto de recursos que fluem de volta aos seus países de origem. A única informação disponível bem documentada é sobre o dinheiro remetido pela diáspora, um ponto que veremos mais adiante. Na ausência de uma sólida base de informações sobre essas questões tudo o que se pode dizer está no campo da especulação. As estimativas que se têm estão baseadas em alguns conhecimentos sobre a força econômica da diáspora, o que tem sido pesquisado por mais de duas décadas pelo professor Shahid Burki.

O tamanho da diáspora muçulmana no Ocidente é de provavelmente 20 milhões de pessoas, sendo 15 milhões na Europa e 5 milhões na América do Norte. A população muçulmana total é um tanto maior, considerando-se o grande número de pessoas que se converteram ao *Islã* nos últimos anos, em particular os da população negra americana.

A renda per capita dos muçulmanos da Europa é bem menor do que a média das pessoas nessa parte do mundo, cerca de um terço menor. Entretanto, a da comunidade islâmica da América do Norte é, em média, um quinto mais alta do que a população em geral. Transformando em números, poderíamos dizer que a renda dos muçulmanos da Europa seria algo em torno de US$ 270 bilhões a norte-americana seria US$ 180 bilhões, o que daria um montante próximo de US$ 450 bilhões nos dois continentes. Como esses recursos são investidos? Como no caso de todos os imigrantes, a maior parte dos recursos da diáspora muçulmana é usada para adquirir ativos fixos, principalmente residências. Outra parte desses recursos é investida em pequenos negócios, como lojas e restaurantes. Parte é enviada de volta para casa ou reinvestida na compra de propriedades em seu país de origem. Uma pequena importância é investida em ativos financeiros, principalmente em fundos de pensão, e alguma coisa é dada em caridade para organizações administradas por muçulmanos, em sua maioria, Mesquitas.

Como a diáspora muçulmana está na Europa há um maior período de tempo, então os ativos acumulados são maiores. Nas últimas seis ou sete décadas, enquanto a diáspora muçulmana se formava, foram acumulados ativos em torno de US$ 2,65 trilhões. Deste montante, um pouco mais do que 60% está investido em imóveis (US$ 1,6 trilhões), cerca de 25% (US$ 650) estão investidos em negócios e 15% em ativos financeiros (US$ 400).

Essas são pequenas quantias quando se leva em consideração a riqueza total dos países onde eles vivem, mas são significativas se comparadas com a riqueza dos países dos quais eles migraram. O retorno sobre esses ativos é reinvestido na criação de mais riqueza. Esse é outro aspecto do comportamento comum de todos os imigrantes. Mesmo se a suspeita atual sobre a lealdade das comunidades muçulmanas para com os países nos quais fixaram residência resultar em significativo declínio de novas imigrações, o montante de riqueza gerada irá continuar a crescer.

Para aqueles que trabalham para financiar o terrorismo, os ativos criados pela diáspora muçulmana não despertam grande interesse. Suas atenções estão focadas nos outros dois usos dessa poupança – remessas feitas para seus países de origem e a contribuição feita a vários órgãos de caridade muçulmanos.

Qual é o total de recursos envolvidos nessas duas categorias de fluxos financeiros? De acordo com o FMI o total de remessas feitas por trabalhadores estrangeiros atualmente é de US$ 100 bilhões, duas vezes mais do que a ajuda estrangeira líquida fornecida pelos países ricos aos países pobres e equivalentes a 40% do valor total do investimento direto estrangeiro. Do montante total de remessas que fluem para países em desenvolvimento, cerca de 10%, i.e. US$ 10 bilhões, são originados junto à diáspora muçulmana no Ocidente, um valor igual a esse é enviado pelos muçulmanos que vivem e trabalham no Oriente Médio.

Estimativas com relação às contribuições feitas a Instituições de caridade são mais difíceis de serem realizadas, embora alguns estudos feitos junto a mesquitas na América do Norte sugerem que 3% da poupança das pessoas que freqüentavam essas mesquitas foram doadas em caridade. Em termos da proporção da renda, isso equivale a 0,7%. Somando esses números, até agora com relação à fonte de financiamento ao terrorismo associado com grupos muçulmanos em todo o mundo, o montante que poderia ser averiguado seria US$ 13 bilhões ao ano, sendo US$ 10 bilhões que fluem na forma de remessas de trabalhadores e US$ 3 bilhões como contribuição a instituições de caridade operando no Ocidente, bem como nos países de origem.

O que pode ser feito para assegurar que esse montante será usado apenas para propósitos legítimos? Levantar essas questões não significa concordar com a premissa de que várias organizações terroristas operando no mundo muçulmano sejam financiadas por esses recursos. Seja qual for a realidade, existe a percepção que esse é o caso, e isso começou a afetar tanto o *quantum* como a distinção feita desses fluxos. Este é o caso das contribuições feitas às instituições de caridade muçulmanas – um fato relatado em diversos jornais ultimamente. É, portanto, do interesse da comunidade muçulmana no Ocidente dirimir as dúvidas por meio da criação de um sistema regulador internacional que governaria esses fluxos. Que forma teria esse sistema?

Regulamentando os Fluxos Financeiros da Diáspora Muçulmana no Ocidente

A regulamentação no campo das finanças é classificada de forma a atingir dois amplos objetivos. Eles devem criar um ambiente isonômico para todos os que atuem nesse ambiente e estejam sujeitos a essa regulamentação, e deve ser implementado um conjunto de regras a serem seguidas pelos indivíduos e seus negócios de forma que suas atividades sejam visíveis e tenham transparência. Infelizmente é preciso que se reconheça que essas condições não existem em inúmeras instituições de caridade que servem às comunidades muçulmanas no Ocidente. Desde 11 de setembro uma nuvem de suspeita paira sobre elas o que não serve aos membros da diáspora muçulmana, assim como não afirma que os recursos levantados por essas instituições serão usados para propósitos legítimos. Que as organizações não-governamentais muçulmanas tornaram-se suspeitas no Ocidente é ilustrado tanto pelas afirmações feitas por atos oficiais da Administração Bush quanto por algumas ações tomadas por esse governo desde 11 de setembro. O professor Burki cita o exemplo de David Aufhausn, conselheiro geral do Departamento do Tesouro Norte-Americano que afirmou que as instituições de caridade islâmicas são a maior fonte de receitas dos terroristas. De acordo com ele, o problema surge do fato de que as instituições de caridade funcionam como postos avançados em áreas de conflito, e que essa rede alcança o que ele chama de "terrenos férteis para o terrorismo".

Tendo esse tipo de justificativa, a América, tomou medidas legais contra diversas instituições de caridade islâmicas, inclusive congelando os ativos de duas das maiores instituições do país, a Global Relief Foundation, baseada em Chicago e a Holy Land Foundation for Relief and Development, baseada no Texas. Washington também se moveu contra grupos islâmicos que administram a poupança dos membros da diáspora que querem que seus recursos sejam empregados de acordo com as regras do *Shariah*.

No ponto de vista dos muçulmanos ao redor do mundo, o problema é que os fortes ataques feitos às instituições de caridade não estão restritos àquelas localizadas no Ocidente. A Financial Action Task Force (FATF), uma força tarefa mundial estabelecida para atacar a lavagem de dinheiro, foi formada para trazer os países fora do Ocidente para debaixo de sua supervisão, e quais países estariam inicialmente como foco de sua atenção? "Se usássemos uma ordem alfabética começando do fim para o começo iríamos direto ao Iemem, depois ao UAE e à Arábia Saudita", teria dito um oficial da FATF, segundo o professor Burki, o qual também afirma que devido a essa colocação, mais uma vez pode-se notar a discriminação contra o mundo muçulmano e a ausência de um ambiente isonômico de atuação.

Portanto, os muçulmanos estão certos em perguntar por que os governos ocidentais separaram algumas instituições para um tratamento mais duro, enquanto deixaram muitas outras intocadas, apenas porque atendem outras comunidades mas que poderiam claramente se enquadrar sob a denominação de terrorismo?

Como pode a comunidade muçulmana agir de forma a livrar-se da suspeita de que suas organizações são importantes veículos para o financiamento ao terrorismo? Como a diáspora muçulmana do Ocidente poderia assegurar que está apta a usar sua significativa riqueza econômica e força para ajudar, não apenas os menos favorecidos em sua própria comunidade, como também ajudar as pessoas nos países de onde essas diásporas se originam?

Como poderiam proteger suas transações financeiras de serem rotuladas como recursos para terrorismo? Ou, olhando pelo outro lado, como poderiam as comunidades muçulmanas do Ocidente determinar que os fundos que elas doam em caridade sejam utilizados de forma legítima? A solução seria conseguida por meio da união dessas nações para criarem regras e instituições que tenham a autoridade de impor-se com relações ao fluxo de recursos das instituições financeiras para seus países de origem.

De forma a encontrar um consenso sobre essas questões, os países islâmicos deveriam fazer uma convenção internacional para desenvolver um conjunto de normas reguladoras sob as quais as instituições de caridade deveriam trabalhar.

Ainda na opinião do professor Burki, a agenda dessa convenção deveria cobrir pelo menos os cinco itens seguintes:

1) a definição de instituição de caridade e o que elas teriam permissão para fazer;
2) a definição de terrorismo, distinguindo claramente do que são as lutas contra forças de ocupação. Essa definição ajudará significativamente na evolução das regras da guerra determinadas pela Convenção de Genebra em 1949;
3) um conjunto de regras e regulamentações na qual todas as instituições de caridade possam trabalhar. Embora essas regras possam superar aquelas seguidas por governos individualmente, elas podem administrá-las. Algo como uma organização mundial das instituições de caridade;
4) estabelecimento de um mecanismo regulador de disputas, algo como um fórum internacional legal para arbitrar disputas internacionais;

5) regulamentação que obrigue todas as instituições de caridade islâmicas ou não a apresentarem balanços nos quais fique claro de onde vem seus recursos e onde são utilizados, de forma a continuarem com suas vantagens fiscais.

Sintetizando, há uma necessidade urgente de se chegar a um consenso sobre a definição do que é terrorismo e um número de questões correlatas. Isto só seria conseguido através de negociações entre governos que culminariam em uma convenção internacional na qual seria assinado um tratado sobre terrorismo e seu financiamento. Esse tratado resultaria na criação de uma Organização Mundial das Instituições de Caridade a qual tiraria o poder dos governos de aplicarem sanções e passaria esse direito para um organismo internacional. Todas as alegadas infrações a esse conjunto de regras acordadas seriam então de responsabilidade dessa organização. Isso evitaria situações de exceção como essa em que estão sendo tratadas as instituições de caridade islâmicas na atualidade.

As Considerações do FMI

Antes de 11 de setembro de 2001, o FMI não focava nos terroristas e em suas fontes de financiamento. Em novembro de 2001, o Comitê Financeiro e Monetário Internacional, que é o principal veículo para o estabelecimento de política no FMI, apresentou um plano de ação para intensificar seu trabalho sobre lavagem de dinheiro e financiamento ao terrorismo. Consistente com seu propósito e conhecimento, o FMI em parceria com o Banco Mundial implementaram um plano de trabalho. Os elementos-chave desse plano inclui:

- adotar as recomendações sugeridas pelo Financial Action Task Force – FATF como padrão básico para o trabalho do Fundo e do Banco. A FATF é a organização que desenvolveu o padrão antilavagem de dinheiro para o

mundo todo em cooperação com outras organizações internacionais;
- desenvolver uma metodologia comum para ser usada em todo o mundo para avaliar os países de um jeito uniforme;
- efetuar a avaliação dos países em coordenação com a FATF e grupos regionais antilavagem de dinheiro;
- dar assistência técnica em colaboração com outros órgãos para ajudar os países a fortalecerem seus sistemas financeiros de forma a melhor coibir os abusos e, finalmente;
- conduzir pesquisas. O FMI e o Banco Mundial recentemente completaram um estudo sobre os sistemas informais de transferência de recursos, que avalia como esses sistemas trabalham e quais são as implicações quanto à regulamentação.

Ao longo de 2003 o FMI, o Banco Mundial, a FATF e outras instituições especializadas em desenvolver normas, completaram uma ampla metodologia para avaliar a habilidade dos países de combater a lavagem de dinheiro e o financiamento ao terrorismo. Esse trabalho cobre toda uma variedade de medidas antilavagem de dinheiro que inclui aspectos legais e institucionais, o ambiente de controle interno das instituições financeiras, troca de informações e cooperação entre instituições financeiras, governos e as bases legais pra os sistemas de justiça criminal.

A diretoria executiva do FMI aprovou formalmente a nova metodologia de avaliação em 2002 e aprovou um programa piloto de 12 meses para avaliação dos países e preparação dos relatórios sobre suas atuações em conformidade com os padrões de combate à lavagem de dinheiro e financiamento ao terrorismo. Os relatórios conhecidos como Relatórios Sobre a Observância dos Padrões e Normas (Report on the Observance of Standards and Codes – ROSC) contêm essas avaliações. De acordo com os princípios do ROSC, a avaliação é voluntária e os processos observados pelas técnicas devem ser aplicados uniformemente por todos os países.

O desenvolvimento de uma metodologia, para determinar quão preparados estão os países para lutar contra os abusos da lavagem de dinheiro, ajudou a assegurar uma abordagem comum para a avaliação dos países ao redor do mundo. Em linha com sua *expertise*, o Fundo e o Banco têm focalizado o estabelecimento de conjuntos de regras legais e a implementação de medidas preventivas para evitar a lavagem de dinheiro e o financiamento ao terrorismo, mas sem que seu pessoal se veja envolvido nas questões de aplicações dessas leis.

A avaliação e as recomendações contra a lavagem de dinheiro serão implementadas pelo FMI e pelo Banco Mundial no âmbito dos programas do FATF – Programa de Avaliação do Setor Financeiro e do Programa dos Centros Financeiros Off Shore do FMI. O FMI e o Banco Mundial irão conduzir até 33 avaliações sob este programa das quais oito já foram concluídas. Essas avaliações estão sendo implementadas em todas as regiões do mundo e em países em vários estágios de desenvolvimento, os quais incluem os países do G7, outros membros da União Européia e países da zona do Euro, bem como países do leste europeu, norte da África e Oriente Médio, África Central e Sul do Saara e leste da Ásia, além da América Latina e do Caribe. Além disso, se espera que a FATF e os grupos regionais contra lavagem de dinheiro irão implementar de 15 a 20 avaliações adicionais. Essa abordagem coordenada significa que os países deverão ser avaliados pelo menos uma vez e permite uma cobertura global e uma revisão em 3 a 5 anos.

A metodologia cobre o financiamento ao terrorismo de uma série de formas. Após 11 de setembro, a FATF emitiu oito recomendações especiais para combater o financiamento ao terrorismo. A metodologia comum inclui os critérios de avaliação para essas oito recomendações.

A avaliação também revê os países que estão em conformidade com instrumentos desenvolvidos pelas Nações Unidas para combater o financiamento ao terrorismo, os quais incluem a ratificação de certas convenções e resoluções das Nações Unidas, e caso seja detectado que a legislação esteja inadequada em algum país, recomendações serão feitas no sentido de apontar as deficiências e oferecer assistência técnica.

Essas avaliações e diagnósticos revelam diversos pontos fracos no procedimento de vários países no combate à lavagem de dinheiro e ao terrorismo. Algumas dessas vulnerabilidades incluem um conjunto de regras e leis inadequadas, limitadas definições do que seria contra a lei, implementações ineficientes de exigências para combater a lavagem de dinheiro e o financiamento ao terrorismo – inclusive um baixo nível de consciência por parte da indústria financeira –, deficiente quadro de supervisores, limitado número de instituições sujeitas às exigências das leis antilavagem de dinheiro, falta de atenção às vulnerabilidades existentes fora do setor bancário e inadequado relatório e análises das atividades suspeitas, e ainda ausência de uma agência de inteligência. Enquanto essas vulnerabilidades eram identificadas em alguns países, outros intensificaram suas leis ao longo dos últimos dois anos pela implementação de nova legislação e criação de unidades de inteligência. Em alguns casos essa evolução foi conseguida com o suporte do FMI e do Banco Mundial.

Desde março de 2003, o FMI e o Banco Mundial iniciaram 40 novos projetos de assistência técnica que beneficiam 115 países, alguns dos quais já foram concluídos. Essa assistência focou na ajuda aos países no sentido de assessorá-los a formular suas leis e regras contra a lavagem de dinheiro, em linha com as melhores práticas internacionais, facilitando a supervisão do setor financeiro e também assessorando outras agências governamentais responsáveis pela fiscalização e supervisão do setor na aplicação dessas leis, bem como procedimentos políticos a serem adotados e a criação de unidades de inteligência responsáveis pela formação do conjunto de regras para o setor. O FMI e o Banco Mundial também organizaram programas regionais de treinamento e workshops, bem como estão chamando a atenção para a importância da conscientização e do posicionamento de todas as instituições contra a lavagem de dinheiro e o combate ao terrorismo por meio de uma série de diálogos globais em videoconferências ao vivo que ligam experts e altas autoridades dos países. Inúmeros seminários, destinados aos reguladores do setor financeiro com foco na redação de legislação específica, estão planejados para 2004. Também foi implementado um mecanismo para ajudar a coordenar a assistência técnica em escala global, que envolve as Nações Unidas, a FATF, grupos regionais, bancos de desenvolvimento, o grupo Egmont de Inteligência e organismos bilaterais. Uma base de dados foi criada na Internet para dar assistência técnica, logo após uma reunião que aconteceu em abril de 2002 em Washington.

O FMI e o Banco Mundial também completaram um estudo sobre o sistema informal de transferência de recursos conhecido como Hawala. Se por um lado o estudo achou que o anonimato torna esse sistema vulnerável à lavagem de dinheiro e ao financiamento ao terrorismo, ele também deixa claro que tentativas de regulamentar de forma muito severa poderiam mudar as características básicas do negócio e levar as transações para a clandestinidade. Medidas para regular esses sistemas informais teriam que considerar suas peculiaridades. Nos países onde esses sistemas coexistem com os sistemas convencionais deverá haver uma tentativa de registro dessas operações de acordo com sua especificidade, mas em linha com as recomendações da FATF. Em locais de conflito a prioridade deve ser dada à abertura de bancos privados locais e internacionais e à criação da capacidade de supervisão. No próximo estágio, o foco será na complementação da avaliação do setor financeiro nos países membros e fornecimento de assistência. A capacidade de construção requer um engajamento sustentado e total compromisso por parte dos principais personagens, não apenas por meio das provisões de recursos suficientes para lutar contra o abuso financeiro. A assistência técnica, a avaliação e o acompanhamento devem ser feitos em conjunto com todos os órgãos que tenham conhecimento nessa área.

A Experiência de Bahrain

Segundo o presidente da Agência Monetária de Bahrain (Banco Central), sua Excelência Shaikh Ahmed bin Mohammed Al-Khalifa, o país tem expressado seu compromisso e apoio às tentativas da comunidade internacional de prevenir e evitar a legitimação do dinheiro ganho em atividades ilegais, e o seu uso para financiar as atividades terroristas. Tal compromisso é amplamente conhecido, compreendido, bem documentado e apoiado em lei. O país está totalmente comprometido com a implementação eficiente e eficaz dos princípios estabelecidos pela Convenção de Viena e com as Recomendações da Força Tarefa Financeira. No contexto desse compromisso, o Governo de Bahrain emitiu diretivas de acordo com a Resolução 1.373 de 2001 do Conselho de Segurança da ONU, que fala sobre a supressão dos meios de financiamento ao terrorismo. Tal ação confirma o reiterado compromisso de Bahrain em cooperar com a batalha da comunidade internacional contra a lavagem de dinheiro e seu uso por organizações terroristas.

De fato, recentes eventos colocaram em evidência o uso dado aos sistemas financeiros mundiais por terroristas, e aqueles que apóiam o terrorismo. O governo dos Estados Unidos respondeu com medidas legais que tendem a continuar a ser impostas cada vez de forma mais estrita com relação àqueles bancos diretamente regulados por agências do governo americano. O efeito da legislação americana e de outras legislações que possam ser decretadas em outros lugares exigirão ainda maior supervisão das transações bancárias e das relações banco/cliente do que havia acontecido até então.

Bahrain, por sua vez, sempre teve essa abordagem dupla de prevenção e legislação. Quanto à prevenção, a política de "conheça seu cliente" é imprescindível na opinião do presidente do Banco Central, assim como entende que a crescente conscientização das instituições financeiras, de que, se envolver com clientes, ainda que inadvertidamente, cujas operações estejam de alguma forma relacionadas a práticas ilegais, pode trazer grandes problemas, por isso a necessidade de melhor monitorar seus relacionamentos. Essa é uma preocupação do governo, que através do Banco Central exige tal vigilância por parte dos executivos administradores das instituições financeiras.

O BC de Bahrain desenvolveu vários relacionamentos internacionais, em particular com a FSA (Financial Services Authority) em Londres e com as Autoridades monetárias de Hong Khong e Singapura, e tem trabalhado bem de perto com organizações internacionais na área do desenvolvimento da regulamentação, mais notadamente o Fundo Monetário Internacional, o Banco Mundial e o Banco de Compensações Internacional.

Além disso, Bahrain deu provas de estar apto a se adaptar às freqüentes mudanças dos ambientes econômico e financeiro. Sua tradição nos negócios que se estende através dos anos tem sido uma importante influência na forma como tem tido sucesso vencendo os desafios que apareceram nos anos mais recentes.

Essa flexibilidade foi evidenciada quando da oportunidade surgida com a trágica guerra civil que envolveu o Líbano nos anos 1970. Por conta de sua reputação de lugar seguro para se conduzir os negócios, com uma vibrante cultura financeira baseada em uma história milenar como centro de negócios, moderna infra-estrutura física e intelectual e uma liderança séria e estável, Bahrain se tornou quase que da noite para o dia em um centro financeiro internacional.

Desde então Bahrain reconheceu a importância de manter um ambiente fortemente regulado e supervisionado, no qual as novas instituições recém-chegadas pudessem expandir seus negócios e encontrarem razão para ali permanecerem. Com esse objetivo as autoridades procuraram fortalecer o clima financeiro e comercial no qual iriam operar. O casamento entre o rápido entendimento das instituições, que inicialmente procuraram o lucro pela reciclagem dos petrodólares, e a antevisão das autoridades provendo e implementando uma regulamentação consistente, que por um lado alicerçaram o conceito dos negócios, enquanto por outro lado policiaram o comportamento institucional, pode ser considerado como um claro sucesso conjunto.

Ao longo dos anos os serviços prestados foram sendo expandidos, bem como novos produtos foram sendo desenvolvidos naquele país, e o crescimento da banca islâmica é um ponto a se destacar. A banca islâmica que é uma indústria relativamente nova, tendo nascido em 1963 no Egito, e sete anos depois, em 1970 iníciou suas atividades em Bahrain quando o Bahrain Islamic Bank recebeu sua licença de funcionamento das autoridades locais. O mais importante é que as autoridades daquele país não apenas autorizaram seu funcionamento, mas também começaram a trabalhar em um conjunto de regras e parâmetros fortes e transparentes que pudesse guiar e organizar as atividades operacionais, e entenderam que os objetivos seriam mais precisamente atingidos se contassem com os esforços conjuntos das autoridades e das instituições islâmicas.

De fato, esforços intensivos foram feitos para desenvolver esse conjunto de regras, o qual culminou com a criação do Accounting & Auditing Organization for Islamic Financial Institutions (AAOIFI). Essa organização que foi estabelecida em Bahrain em 1991 até o momento já emitiu 18 regras e princípios contábeis, quatro regras de auditoria, quatro regras de governança, e nove regras de *Shariah* além de um código de ética. De um ponto de vista prático, a Organização é um membro da Standard Advisory Council do International Accounting Standards Board, e mantém vínculos muito próximos com o FMI, o Comitê da Basiléia e com as autoridades de serviços financeiros do Reino Unido, de forma a se assegurar de que suas regras são pelo menos comparáveis e em alguns aspectos até mais rigorosas do que aquelas aplicadas no setor financeiro convencional.

Nesse contexto, a Agência Governamental, em parceria com a indústria financeira, desenvolveu um conjunto de regras conhecido como Prudential Information and Regulations for Islamic Banks (PIRI), o qual leva em consideração tanto a regulamentação desenvolvida pela AAOIFI quanto os vários parâmetros do Comitê da Basiléia. Essa regulamentação cobre cinco importantes áreas:

1) adequação de capital, tanto para riscos de crédito como de mercado;
2) qualidade dos ativos, inclusive o monitoramento de grandes exposições de risco direto ou indireto;
3) supervisão das contas de investimento tanto restritas como irrestritas do que esteja ou não no balanço;
4) requisitos de precaução quanto à administração de liquidez tanto do que entra no balanço quanto em fundos separados referentes a contas de investimentos restritas;
5) análise da qualidade dos ganhos.

Isto evidencia que as instituições islâmicas estabelecidas em Bahrain estão sujeitas a princípios reguladores comparáveis àqueles pertencentes à banca convencional, e são aceitos como tais pelos mais importantes reguladores internacionais.

A agência governamental sempre encorajou o setor privado a desenvolver produtos culturais específicos, e a introdução de um cartão de crédito islâmico e o estabelecimento da agência de *rating* islâmica são as duas mais recentes conquistas nesse sentido. A própria agência desenvolveu instrumentos específicos para assistir o mercado financeiro islâmico na administração de sua liquidez, e em 2002, tornou-se o primeiro banco central no mundo a negociar instrumentos de *money market* dentro dos princípios do *Shariah*. A emissão regular de papéis de curto prazo, *Salam* e de certificados de *leasing*, *Ijara*, de prazos médios têm atraído o interesse até de instituições financeiras convencionais. O sucesso dessa dupla abordagem de desenvolvimento de produtos e mercados, alicerçada por um forte regime regulador, pode ser medido pelo fato de que Bahrain abriga hoje mais de dois terços das instituições financeiras islâmicas da região.

Segundo Sua Excelência Shaikh Ahmed bin Mohammed Al-Khalifa, presidente da Agência Monetária do Reino de Bahrain, sua política é desenvolver a banca islâmica dentro de um ambiente regulador e de supervisão mais amplo, que proporcione confiança e segurança para governos, mercados e investidores, e que o financiamento islâmico, como sua contraparte convencional, esteja engajado em uma atividade econômica genuína e seus práticantes motivados por conceitos similares de criação de riqueza, e seus negócios conduzidos de uma forma aberta e transparente.

A Posição do Catar

O Catar é uma pequena economia aberta que adota uma estratégia de desenvolvimento voltada ao exterior. Sua filosofia econômica é baseada nos princípios da economia de mercado. A estratégia de desenvolvimento do Catar tem como foco a exploração de sua rica reserva de hidrocarbono. Durante os últimos anos a estratégia de desenvolvimento tem sido acompanhada por reformas estruturais, com o fim de fortalecer e liberalizar o setor financeiro, privatizar a maior parte do setor público, intensificar a participação do setor privado e criar um ambiente regulado e transparente que seja atraente ao investidor.

Essas políticas contribuíram ao longo dos últimos anos para a viabilização de superávits fiscais e de contas externas, crescimento sustentado da economia com rápido aumento da renda per capita, evolução consistente, presença nos mercados financeiros internacionais, e acima de tudo aprofundamento de seus princípios de abertura e transparência.

Como as questões de lavagem de dinheiro e financiamento ao terrorismo afetam países em todos os níveis de desenvolvimento, o Catar tem demonstrado total interesse em participar e interagir positivamente com a comunidade internacional a esse respeito. Isso é evidenciado pelo fato de ter o Catar tomado parte e ratificado a Convenção de Viena em 1988.

Os recentes eventos internacionais, de acordo com o senhor Fahad Faisal Al-Thani, vice-presidente do Banco Central do Catar, tem demonstrado claramente que o terrorismo não apenas põe em risco a paz das nações, mas também traz sérias conseqüências negativas para o crescimento da economia global e a estabilidade financeira. Esses eventos e sua repercussão levaram o Catar, assim como outros países no mundo a reexaminar os mecanismos de promoção e execução das leis contra a lavagem de dinheiro e o financiamento ao terrorismo.

As autoridades do Catar se posicionaram firmemente contra esses crimes por meio do aprimoramento dos procedimentos e dos parâmetros que asseguram a aplicação dos padrões internacionais e das recomendações no combate a essas práticas ilícitas. Um exemplo disso é a lei sobre a comercialização de drogas narcóticas de 1987, que permite que o poder público investigue toda a movimentação de recursos de uma pessoa envolvida nesse crime. Tal investigação poderá envolver tudo que se relacionar com esse ilícito e poderá penalizar todo tipo de entidade, inclusive aquelas que possam ter sido utilizadas direta ou indiretamente para que tal crime fosse cometido.

O Banco Central do Catar (BCC) teve um papel fundamental na emissão do primeiro conjunto de regras contra a lavagem de dinheiro nas instituições financeiras sob sua supervisão, que incluiu além dos bancos outras empresas financeiras e de investimento, e ainda casas de câmbio. Entre 1994 e 2002, o Banco Central do Catar emitiu inúmeras circulares e regulamentações com o objetivo de combater a lavagem de dinheiro por intermédio dos bancos e casas de câmbio, exigindo que esses implementassem as medidas estabelecidas pela Convenção de Viena em 1988 e as 40 recomendações da

FATF. Essas circulares incluíam algumas normas detalhadas em diferentes áreas de combate a lavagem de dinheiro e ao financiamento ao terrorismo. Essas circulares e diretivas foram revisadas e atualizadas de forma a considerarem novos aspectos, e refletirem os mais recentes acontecimentos nessa área. É importante notar que o BCC sempre teve a preocupação que essas diretivas atingissem seu objetivo causando o mínimo possível de efeitos indesejáveis às operações diárias do sistema financeiro.

Recentemente o BCC formou uma Unidade de Investigação Financeira (UIF) para atuar em coordenação com as instituições financeiras e receber os relatos de transações suspeitas (RTS) e conduzir as investigações necessárias via Sistema Central de Relatórios (SCR) e tomar as medidas preliminares, inclusive inspeções locais, e passar essas informações ao Ministério do Interior. O Ministério da Economia e Comércio também emitiu circulares sobre as mesmas questões para as empresas de seguro, auditoria e outras instituições financeiras que operem sob sua jurisdição.

Os esforços do Catar no combate à lavagem de dinheiro e ao financiamento ao terrorismo tem seu ponto alto na emissão da lei antilavagem de dinheiro número 28 de 2002. A lei estabelece as bases institucionais, legislativas e determina os procedimentos a serem tomados para combater a lavagem de dinheiro naquele país.

De acordo com a lei, a responsabilidade primária no combate a esse crime é do Comitê Nacional Contra a Lavagem de Dinheiro, o qual foi criado de acordo com o artigo 8 dessa lei, e está baseado no Banco Central. O Comitê tem uma formação multinstitucional tendo como membros, representantes do Banco Central, Ministério do Interior, Ministério da Casa Civil e Habitação, Ministério da Economia e Comércio e Ministério da Justiça.

As responsabilidades primordiais do Comitê são a formulação, a aprovação e a implementação dos planos e programas antilavagem de dinheiro; a implementação das provisões da legislação pertinente, e acordos em coordenação com as partes competentes; o acompanhamento das evoluções internacionais no setor e sugestão das medidas necessárias de acordo com essas evoluções; a preparação dos relatórios necessários e da coleta de dados e informações sobre a matéria.

Com relação especificamente ao combate ao financiamento ao terrorismo, o Catar tomou a iniciativa de implementar certos procedimentos e ações de acordo com as Resoluções do Conselho de Segurança das Nações Unidas que diz respeito ao congelamento de certas contas de terroristas e organizações terroristas, bem como tem seguido as oito recomendações da FATF. O Comitê Nacional responsável pela implementação das Resoluções do Conselho de Segurança foi formado em Janeiro de 2002, tendo como membros representantes do Ministério da Casa Civil e Habitação, o qual é o presidente, Ministério da Economia e Comércio, Ministério dos Recursos e Assuntos Islâmicos, Banco Central do Catar e a Câmara do Comércio.

O Comitê está encarregado da coordenação de todos os departamentos governamentais e de implementar as resoluções da comunidade internacional. É também responsável por prover o Ministério da Casa Civil com um relatório periódico sobre suas atividades e feitos, o qual por sua vez disponibilizará tais relatórios ao governo com seus comentários.

É importante frisar que todas as atividades de organizações sem fins lucrativos e instituições de caridade licenciadas para operar no Catar estão sujeitas à supervisão do Ministério da Casa Civil e Habitação, o que inclui, dentre outras coisas, a obtenção de aprovação para registro, coleta de doações e transferências para o exterior. Com relação a essa questão, as circulares do Banco Central do Catar para os bancos e instituições financeiras foi emendada, em 2002, para incluir medidas e políticas para conter o financiamento ao terrorismo constantes das oito recomendações da FATF.

Além disso, o Banco Central do Catar emitiu certas circulares instruindo todos os bancos e instituições financeiras a congelarem as contas em nome de indivíduos e organizações, os quais foram mencionados em listas anexadas às Resoluções do Conselho de Segurança da ONU.

De acordo com o senhor Fahad Faisal Al-Thani, vice-presidente do Banco Central do Catar, a Lei antilavagem de dinheiro e as revisões de medidas e políticas foram uma resposta imediata do Governo do Catar às novas circunstâncias, e está certo que essa resposta deverá evoluir ao longo do tempo de acordo com as experiências adquiridas, bem como é uma afirmação do total apoio e endosso do Catar às resoluções internacionais no combate à lavagem de dinheiro e ao financiamento ao terrorismo.

Os Esforços do Paquistão

No Paquistão existe um sistema bancário onde a banca islâmica coexiste com a banca convencional. Por essa razão as instituições podem:

- ter uma licença plena de banco islâmico e comercial do setor privado;
- se banco convencional poderá ter uma subsidiária separada atuando como banco islâmico;
- todos os bancos comerciais podem ter agências dedicadas somente à prática de atividades islâmicas.

Após rever os sistemas e os procedimentos existentes de combate à lavagem de dinheiro e ao financiamento ao terrorismo o Paquistão desenvolveu uma estratégia de múltiplas vias. Segundo o presidente do Banco Central paquistanês, doutor Ishrat Husain, os principais elementos dessa estratégia são:

- desenvolver uma ampla legislação que preencha as lacunas existentes atualmente, fortalecer e organizar os procedimentos para monitorar, detectar, relatar, investigar e processar aqueles envolvidos em crime de lavagem de dinheiro e financiamento ao terrorismo. Uma lei específica foi criada em julho de 2002 regulando as casas de câmbio, exigindo capital mínimo e apresentação de relatórios periódicos sobre suas atividades;

- claramente identificar as responsabilidades dos vários tipos de instituições, de forma a evitar ambigüidade. O Banco Central do Paquistão é responsável pela regulamentação, supervisão, detecção de irregularidades e recepção de relatórios de todas as instituições financeiras. A força antinarcótico já tem autoridade de investigar e processar aqueles envolvidos em transações financeiras relacionadas com drogas;

- fortalecer a capacidade reguladora e de supervisão. O Banco Central do Paquistão implementou rigorosa regulamentação de forma a coibir com eficácia a lavagem de dinheiro. A regulamentação exige que as instituições financeiras conheçam seus clientes e foi aprimorada de forma a melhor assessorar os bancos na avaliação desses clientes. Outra regulamentação explicitamente previne o uso criminoso de canais bancários com o propósito de lavar dinheiro e praticar outras operações ilegais. Através dela os bancos são solicitados a investigar operações que fujam às características normais da conta corrente como depósitos, saques e transferências de altas quantias;

- instalar novos mecanismos para implementar a lei. O Bureau de Inteligência Financeira (Financial Intelligence Bureau – FIB) nasceu da lei antilavagem de dinheiro e tem como propósito coletar e analisar informações sobre transações suspeitas. O FIB irá operar em cooperação com outras agências financeiras de inteligência internacionais de forma a eliminar movimentação de recursos questionáveis ou suspeitos, através de diversos países. Também foram tomadas ações para supervisionar operações que envolvam paraísos fiscais;

- treinamento e conscientização. O Instituto de Bancos públicou um manual sobre atividades de lavagem de dinheiro como um guia e material de treinamento para os bancos. Seminários sobre o assunto têm sido regularmente realizados em todos os centros mais importantes do país, de forma a equipá-los com as ferramentas necessárias para combater esse mal. Palestrantes internacionais têm visitado o país bem como o Paquistão participou de eventos organizados pelo Banco Central dos Emirados Árabes Unidos e outros institutos da região;

- adoção de práticas internacionais. O Paquistão adotou a maioria das recomendações da Financial Action Task Force (FATF) e participa ativamente como membro do Grupo da Ásia-Pacífico sobre Lavagem de Dinheiro (Asia-Pacific Group on Money Laudering – APGML). A participação nesse grupo é uma oportunidade para os oficiais paquistaneses das agências reguladoras de manterem-se em linha e atualizados com relação às melhores práticas e desenvolverem relacionamento com seus pares de outras regiões;

- cooperação técnica. Por se tratar de uma área nova para os oficiais paquistaneses, acordos de cooperação técnica têm sido firmados com diversas organizações bilaterais e multilaterais. A colaboração mais ativa tem sido com o Departamento do Tesouro dos Estados Unidos, o qual já enviou diversas missões ao Paquistão para cooperar com apoio técnico e informações para serem usadas como base para a elaboração de uma lei específica contra a lavagem de dinheiro. Cooperação também tem acontecido com países do Oriente Médio e do Golfo Pérsico;

- conformidade com as Resoluções das Nações Unidas. Depois de 11 de setembro, as Nações Unidas implementaram diversas resoluções congelando contas de entidades que eram culpadas por atividades terroristas. O Banco Central do Paquistão tem atuado em conformidade com todas essas resoluções e já congelou cerca de 24 contas de indivíduos e entidades.

Em síntese, de acordo com o presidente do Banco Central paquistanês, doutor Ishrat Husain, os bancos islâmicos têm mecanismos intrínsecos para detectar e evitar as atividades de lavagem de dinheiro e financiamento ao terrorismo mas a despeito disso, o Paquistão tem implementado com sucesso uma estratégia multifacetada e cuidadosamente projetada para monitorar, detectar, investigar e processar os infratores.

O Banco Islâmico de Desenvolvimento

- *Características Únicas do Grupo BIsD*
- *A Atuação do BIsD contra a Lavagem de Dinheiro e o Financiamento ao Terrorismo*

O BIsD é uma instituição financeira multilateral de desenvolvimento internacional engajada principalmente em mobilizar e utilizar recursos para o progresso social e econômico de seus países membros bem como de comunidades islâmicas de países não membros de acordo com os princípios do *Shariah* (jurisprudência islâmica). Com sede em Jeddah (Arábia Saudita) tem três escritórios regionais em três países membros: Almaty (Kazaquistão), Kuala Lumpur (Malásia) e Rabat (Marrocos).

De uma única entidade estabelecida em 1975 quando 22 países assinaram seus estatutos o BIsD com 54 países membros em julho de 2002 abriga hoje um grupo de oito entidades sob sua bandeira.

Essas entidades são as seguintes:

1975 – Banco de Desenvolvimento Islâmico.

1981 – Instituto de Treinamento e Pesquisa Islâmicos.

1987 – Carteira de Bancos Islâmicos.

1989 – Fundo de Investimentos.

1994 – Corporação Islâmica de Seguro ao Investimento e Crédito à Exportação.

1998 – Fundo de Infra-Estrutura.

1999 – Corporação Islâmica para o Desenvolvimento do Setor Privado.

1999 – Centro Internacional de Agricultura Biosalina.

Essas entidades foram estabelecidas de forma a atenderem necessidades específicas dos seus países membros e para prover adicionais soluções bancárias de desenvolvimento em uma economia global e um sistema financeiro em constantes transformações. Por meio dessas entidades o BIsD oferece uma ampla variedade de serviços especializados e integrados incluindo o financiamento de projetos dos setores público e privado, promovendo o comércio entre os países membros especialmente no que se refere a bens de capital e produtos com maior valor agregado, fornecendo seguro aos investimentos e crédito à exportação, fazendo pesquisas e dando treinamento para avaliação de projetos, economia islâmica e atividades bancárias, promovendo a cooperação técnica entre os países membros, oferecendo bolsas de estudo e assistência às escolas e hospitais tanto a países membros quanto a comunidades islâmicas em países não membros e provendo assistência humanitária em casos de desastres naturais nos países membros ou não.

Características Únicas do Grupo BIsD

O Grupo BIsD é uma instituição financeira multilateral única no sentido de que: usa apenas instrumentos de financiamento que sejam compatíveis com o *Shariah*. Seus membros são países em desenvolvimento e conseqüentemente os recursos dos países em melhores condições são usados para assistir os países menos favorecidos, fazendo com que o grupo realmente tenha um papel de cooperação de ponta a ponta. Levanta recursos dos mercados financeiros de um meio especial como o *Sukuk* (bônus islâmicos) em conformidade com o *Shariah*.

Conquistas do Grupo BIsD. Dentre as maiores conquistas do grupo podemos destacar:

- significante crescimento do número de países membros passando de 22, em 1975, para 54 em 2003;
- membros distribuídos por todo o globo passando pela África, Ásia, Europa e América do Sul;
- grande crescimento no capital;
- crescimento do número de produtos que eram dois, em 1975, e passou a dez em 2002;

- crescimento exponencial de operações e financiamentos setoriais chegando a cerca de US$18 bilhões em 2002;
- parcerias com outros bancos de desenvolvimento como Banco Mundial, Banco Asiático de Desenvolvimento, Banco Europeu para Reconstrução e Desenvolvimento, Banco Africano de Desenvolvimento, e o Arab Coordination Group que engloba o OPEC Fund, Arab Fund, BADEA etc.

A Atuação do BIsD contra a Lavagem de Dinheiro e o Financiamento ao Terrorismo

Na campanha da indústria financeira contra o terror, o Banco Islâmico de Desenvolvimento, através de seu presidente, doutor Ahmad Mohamad Ali, entende que a mais importante área de cooperação entre os governantes, reguladores de várias jurisdições e da indústria financeira propriamente dita, é o combate à lavagem de dinheiro. O trabalho da FATF (Financial Action Task Force) sobre lavagem de dinheiro, fornece não apenas um conjunto de regras eficientes para essa cooperação mas também oferece diretrizes para uma auto-avaliação a ser feita pelos bancos e agências reguladoras. Também se requer que instituições nacionais e regionais sejam estabelecidas em linha com o mandato e a estrutura sugerida pela FATF. O BIsD tem tido um forte interesse em várias iniciativas nacionais, regionais e internacionais no combate à lavagem de dinheiro. O Banco participou em março de 2003 de uma reunião especial do Counter-Terrorism Committee (CTC), ao lado de outras instituições regionais e internacionais, realizada na sede das Nações Unidas. Esse encontro deliberou sobre as formas de coordenar esforços para fortalecer a capacidade de criar programas nos países membros das Nações Unidas de forma a ajudá-los a cumprir com determinações da Resolução 1.373 do Conselho de Segurança da Organização das Nações Unidas. A questão de desenvolver a capacidade de regular e supervisionar efetivamente de forma a combater o financiamento ao terrorismo está no centro dessas deliberações e o BIsD, e todos os membros de seu grupo têm estado diretamente envolvidos nessa questão. Nesse sentido, diversas iniciativas foram tomadas de forma a promover a formalização dos mercados islâmicos e o fortalecimento da estrutura reguladora da indústria. Dr. Ahmad salienta que o *Islã* é uma religião pacífica, a qual trata todas as formas de riqueza, inclusive o dinheiro, como uma confiança da parte de Deus. A lei islâmica dita que a riqueza deve ser conquistada de uma maneira legal e moral e deve ser usada para o bem-estar da humanidade e não deve haver nenhuma abertura para que aconteçam abusos. Nos anos recentes, a banca islâmica emergiu como um importante setor de negócios, crescendo rapidamente quase que ao redor de todo o mundo, e de um certo modo consiste em apenas fazer as atividades bancárias em acordo com as leis islâmicas. Operacionalmente a banca islâmica pode ser considerada igual à banca convencional porém sempre baseada em ativos reais e com algumas limitações quanto ao uso do dinheiro. É da natureza do financiamento de ativos e de projetos que se conheça profundamente os clientes envolvidos bem como em que e quem irá usar os recursos disponibilizados. Esse processo é controlado e rigorosamente monitorado pelos comitês de *Shariah* dos bancos islâmicos. Por isso, as características intrínsecas da banca islâmica reforçam a política do "conheça seu cliente" e inibem os abusos. Os bancos islâmicos são regulados e supervisionados pelos bancos centrais de suas respectivas jurisdições, usando as normas do Comitê da Basiléia sempre que o respectivo país adote-a. Além disso, seus próprios comitês *Shariah* também supervisionam esses bancos. Portanto, doutor Ahmad considera que a regulamentação e supervisão atual dos bancos islâmicos acabam sendo ainda mais estritas do que as aplicadas pela banca convencional.

Como todo organismo multilateral de desenvolvimento, o BIsD é auto-regulado. Para que uma entidade com essa característica sobreviva é extremamente importante que estabeleça a melhor prática de governança corporativa, sistemas de controle internos e prevenção ao nascimento de uma cultura de crédito distorcida. O BIsD segue os padrões internacionais e as boas práticas bancárias em todas as suas atividades.

A regulamentação seguida não permite nenhuma forma de abuso. Cem por cento do capital do banco está nas mãos dos países membros. Recentemente o banco decidiu levantar recursos adicionais no mercado de capitais para suplementar sua base de capital. Com esse propósito decidiu emitir um *Sukuk* (bônus islâmico) no mercado internacional usando-se da regulamentação padrão e sistemas de compensação usual para esse tipo de emissão. Todas as precauções foram tomadas para evitar que fosse dado um uso indevido a esses bônus. Esses papéis foram registrados e disponibilizados apenas a investidores institucionais, com um critério rígido de percentual de participação. Quanto ao uso dos recursos, este foi destinado ao financiamento de bens reais e para o financiamento de projetos e comércio exterior. Nas licitações internacionais, é exigido que os contratantes sejam oficialmente reconhecidos e que haja supervisão governamental e garantias para se assegurar de que os recursos serão usados realmente para o projeto a que se destinam.

Quando o Banco Islâmico de Desenvolvimento participa do capital de bancos islâmicos ou assiste bancos convencionais na implantação de departamentos islâmicos, tem que confiar na qualidade e quantidade de informação fornecida pelas autoridades reguladoras, licenciadoras e supervisoras da jurisdição específica. O BIsD sempre averiguou cuidadosamente os acionistas de toda empresa que participa.

O BIsD tem também um programa de construção de estabelecimentos educacionais e de saúde em diversos países não-membros com o conhecimento e cooperação dos governos desses países. Nos países não-membros o BIsD trabalha com Organizações Não-governamentais – ONGs registradas. Quando opera com essas ONGs, não fornece recursos financeiros às mesmas, os projetos são implementados por empreiteiras conhecidas. O banco entende que a implementação das normas e práticas para o combate dos eventuais abusos por parte dessas ONGs emitidas pela FATF em 11 de outubro de 2002 é uma grande ajuda nesse sentido.

Um sistema regulador e de supervisão eficiente deve cobrir todos os negócios significativos de um determinado país. As autoridades reguladoras devem conhecer as fontes, os usos e os abusos de todos os recursos financeiros em uma sociedade de forma que esses recursos vitais sejam usados eficientemente com a devida salvaguarda dos interesses públicos.

Isso requer a substituição de mercados financeiros informais por aqueles formais onde se utilizem registros dos negócios de acordo com normas e práticas mundialmente aceitas. A despeito dos esforços dos governos e dos organismos multilaterais de desenvolvimento ainda existem muitos mercados de razoável porte operando na informalidade, o que pode ser uma fonte de abuso na utilização de recursos financeiros. Entretanto, muitos desses mercados informais também prestam serviços convenientes, de forma consistente com as tradições culturais de seus usuários. O *Hawala*, um sistema informal de transferência de dinheiro é um bom exemplo de tais serviços financeiros informais. A única alternativa viável a esses serviços é o desenvolvimento de instituições financeiras eficientes e mercados a custos e facilidades compatíveis.

Em vista dos depressivos mercados financeiros dos países em desenvolvimento, inclusive os dos países membros do BIsD, é cada vez mais relevante a discussão em torno do relacionamento entre o desenvolvimento do setor financeiro e os valores culturais dos indivíduos. No *Islã* há um número de princípios religiosos significativos na área financeira. Portanto, para os muçulmanos, a confiança no sistema financeiro pode ser afetada profundamente por preocupações culturais legítimas. Por isso, não importa quão eficiente um sistema bancário possa ser em termos dos serviços que ele prestar, muitos muçulmanos hesitarão em participar dele e beneficiar-se em sua plenitude, a não ser que esses serviços sejam ao mesmo tempo compatíveis com seus valores culturais. Portanto, o BIsD está preocupado com o desenvolvimento de mercados financeiros islâmicos formais, e bem regulados.

O banco assumiu esse desafio em diversos níveis. Um deles é a promoção do desenvolvimento profissional e de aprendizado através de pesquisa e treinamento. Por outro lado promove o surgimento de bancos islâmicos licenciados em vários países através da participação do capital desses bancos. O BIsD pode auxiliar na transformação de bancos convencionais existentes em bancos islâmicos ou auxiliar no estabelecimento de departamentos islâmicos em bancos convencionais, onde haja demanda para tal. Além disso promove a emissão de instrumentos financeiros islâmicos e desenvolve mercados.

Um mercado financeiro "organizado" só poderá ser assim considerado se o seu sistema de disponibilização de informações for sistemático, transparente, comparável e consistente com as normas e práticas mundialmente aceitas.

Desde o nascimento da banca islâmica no começo dos anos 60, uma das necessidades básicas dessa indústria tem sido a adaptação apropriada das normas internacionais de contabilidade (IAS) para as necessidades especiais das formas de financiamento islâmicas de forma compatível com a ética e a cultura dessa indústria.

Nas últimas três décadas, um trabalho substancial tem sido feito nesse sentido. O banco teve um papel importante no estabelecimento da AAOIFI – Organização de Contabilização e Auditoria das Instituições Financeiras Islâmicas. A AAOIFI teve uma grande evolução desde então desenvolvendo as normas contábeis e de auditoria para a indústria financeira islâmica embora ainda haja muito caminho pela frente, o que tem contado com todo o apoio do BIsD. Durante a última década, a estabilidade financeira subiu para o topo da lista de prioridades dos reguladores, supervisores, analistas econômicos e instituições internacionais. Instabilidades financeiras recorrentes causaram enormes perdas de receitas, de riqueza e prosperidade em muitos países e abalou a confiança nos bancos. Sem estabilidade financeira, o desenvolvimento econômico sustentável e a paz no mundo continuariam sendo um objetivo distante. Alguns aspectos inerentes aos produtos islâmicos em princípio promoveriam a estabilidade. Entretanto, esses mesmos produtos também têm seus riscos específicos. Se esses aspectos inerentes ao produto islâmico forem combinados às boas práticas bancárias internacionais, a banca islâmica poderá ser mais estável e contribuirá também para a estabilidade dos mercados financeiros mundiais.

A apropriada regulamentação e supervisão dos bancos e instituições financeiras são essenciais para a eficiência e estabilidade financeiras.

Alguns dos riscos encontrados na indústria financeira islâmica são únicos devido às suas, também singulares, estruturas de ativos e passivos. Os supervisores que se utilizarem de padrões tradicionais não conseguirão perceber esses riscos em sua plenitude. Há muito tempo existe a necessidade de parâmetros especiais para que reguladores e supervisores possam avaliar a banca islâmica. Por essa razão, foi criado o Islamic Financial Services Board (IFSB), com a ativa participação do BIsD e o pleno envolvimento do FMI e de diversos bancos centrais. A função principal desse órgão é estudar os riscos peculiares da indústria islâmica e implementar os padrões de boa prática bancária islâmica, suplementando sempre que possível o trabalho do Comitê da Basiléia sobre supervisão bancária.

Dada a preocupação dos clientes de serviços financeiros islâmicos com a fidelidade dos produtos utilizados com relação às suas preferências culturais, é fácil visualizar que mesmo um banco islâmico AAA poderia entrar em colapso repentino caso seus clientes achassem que o banco teria violado suas responsabilidades fiduciárias. Por essa razão, a fidelidade aos princípios islâmicos não é apenas uma preocupação do ponto de vista religioso mas é também uma questão de estabilidade financeira. Portanto, na indústria financeira islâmica, a competência da administração da entidade está diretamente ligada com sua capacidade de não ferir os princípios islâmicos. Nesse sentido, de forma a facilitar a avaliação dos riscos por parte dos supervisores o BIsD colaborou no estabelecimento da International Islamic Rating Agency (IIRA), com total apoio dos reguladores e dos próprios participantes da indústria financeira islâmica, o trabalho da IIRA é o de combinar o já existente trabalho de classificação das instituições financeiras, com qualificação dos produtos quanto à sua adequação às regras islâmicas. O que promove a confiança dos clientes e a conseqüente estabilidade financeira.

Bancos fortes e estáveis requerem um mercado interbancário e suporte de liquidez por parte dos governos em caso de necessidade, e o mercado interbancário depende de instrumentos financeiros adequados. Partindo dessa constatação, foi criado o International Islamic Financial Market (IIFM) e o Liquidity Management Center (LCM). O IIFM verifica se a emissão dos eurobônus islâmicos conhecidos como *Sukuk* estão em acordo com os requisitos legais islâmicos e o LCM é a câmara de compensação desses papéis. O desenvolvimento desses dois organismos é fundamental para a formalização do mercado financeiro e tem contado com o trabalho ativo do BisD.

Mais um aspecto tem sido tratado com grande empenho por parte do banco, que é o perfeito entendimento entre a indústria e seus reguladores, e com esse objetivo foi recém-criado o General Council of Islamic Banks and Financial Institutions (GCIBFI). Este órgão irá trabalhar em conjunto com a FATF de forma a ajudar os bancos a se adaptarem às rápidas mudanças no ambiente regulador.

O Banco Islâmico de Desenvolvimento entende que todos esses aspectos e organismos ajudarão na formalização do mercado financeiro islâmico e tem atuado fortemente nesse sentido por meio da construção de um ambiente regulado que opere em harmonia com o mercado internacional e em linha com as boas práticas bancárias convencionais.

Contabilização

- *Diferenças entre os Objetivos da Contabilidade Financeira dos Bancos Islâmicos e dos Bancos Convencionais*
- *Conceitos da Contabilidade Financeira para a Instituição Financeira Islâmica*
- *Função dos Bancos Islâmicos*
- *Ativos*
- *Passivos*
- *Definição de Zakah e sua Aplicação*

A organização de contabilidade e auditoria das instituições financeiras islâmicas foi estabelecida de acordo com o documento da associação assinado pelas instituições financeiras islâmicas em I Safar, 1410H que corresponde a 26 de fevereiro de 1990 na Argélia. A organização de contabilidade e auditoria das instituições financeiras islâmicas foi registrado em II Ramadan 1441H correspondente a 27 de março de 1991 em Bahrain, como uma sociedade internacional sem fins lucrativos.

O surgimento das instituições financeiras islâmicas como relativamente novas organizações e o grande desafio que enfrentam para servirem com sucesso às sociedades nas quais operam, levaram os especialistas nas leis do *Shariah* e em contabilidade, a buscar os meios mais apropriados através dos quais os padrões contábeis possam ser desenvolvidos e implementados de forma a apresentar informações adequadas, confiáveis e relevantes. A apresentação de tal informação é crítica para o processo de decisão econômica pelas partes que negociam com as instituições financeiras islâmicas e também tem um efeito significativo na distribuição dos recursos econômicos para o benefício da sociedade. O *Islã* claramente encoraja o investimento e o gasto. De fato, quando o *Islã* impôs o *Zakah*, disse que a riqueza deveria ser investida, e, caso contrário, esta seria exaurida pelo *Zakah* durante um determinado período de tempo.

Entretanto, para induzir os indivíduos a investirem sua poupança em seus bancos islâmicos é essencial que tais indivíduos tenham confiança na habilidade dos bancos islâmicos em atingirem seus objetivos de investimento.

Um dos pré-requisitos para se ter confiança em investir nas instituições financeiras islâmicas é ter informação disponível e uma das mais importantes é o relatório financeiro o qual é preparado de acordo com os padrões que devem ser aplicados aos bancos islâmicos. Porém, de forma a desenvolver tais padrões, é essencial que se defina os objetivos e os conceitos de contabilidade financeira para bancos islâmicos. Para atingir tal objetivo, não há problema em começar onde os outros terminaram, se o que foi desenvolvido pelos outros é positivo e não contradiz as leis do *Shariah*.

O interesse de desenvolver os padrões contábeis financeiros para bancos islâmicos começou em 1987. Por conta disso, diversos estudos foram feitos. Esses estudos foram compilados em cinco volumes que estão na Biblioteca de Pesquisa Islâmica e Treinamento do Banco de Desenvolvimento Islâmico.

O resultado destes estudos foi a formação da Organização de Contabilidade Financeira para as instituições financeiras islâmicas, a qual foi registrada como uma organização sem fins lucrativos, em Bahrain em 12/9/1411H correspondente a 27 de março de 1991. Desde sua implantação a Organização continuou seus esforços para desenvolver os padrões de contabilização. Reuniões periódicas do comitê executivo para planejamento e acompanhamento foram realizadas com

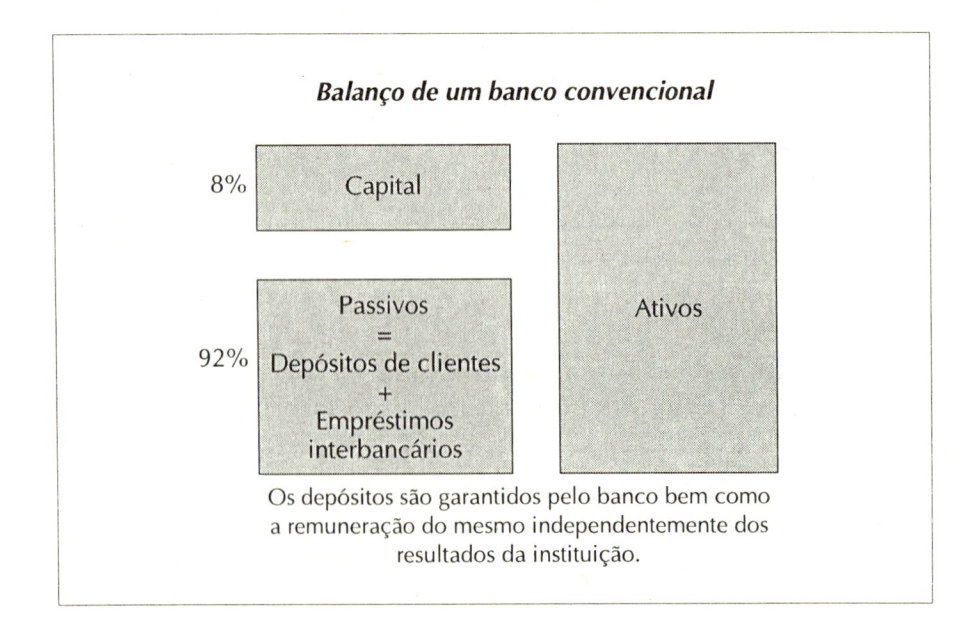

Balanço de um banco convencional

8%	Capital	Ativos
92%	Passivos = Depósitos de clientes + Empréstimos interbancários	

Os depósitos são garantidos pelo banco bem como a remuneração do mesmo independentemente dos resultados da instituição.

o objetivo de implementar o plano aprovado por ambos – comitê de supervisão (a suprema autoridade da Organização) e pela Diretoria dos padrões de contabilização financeira para a instituição financeira islâmica (a Diretoria). Para isso, o comitê manteve o serviço de diversos consultores do *Shariah*, especialistas e práticos em contabilidade, e de banqueiros.

O texto a seguir reproduz de forma integral e, às vezes, literal as referências ao Alcorão e as citações ao profeta Maomé, de forma a mostrar ao leitor a peculiaridade do pensamento islâmico aplicado às práticas bancárias.

A contabilidade no *Islã*, dentre outras coisas, refere-se ao reconhecimento, medida e registro das operações e da justa apresentação dos direitos e obrigações. Allah disse: "Oh, você que crê! Quando você negocia com os outros em negócios envolvendo obrigações futuras em um período de tempo determinado, reduza-o à escrituração"[1]. Ele também disse: "Oh! Você que crê! Mantenha-se firme pela justiça"[2]. Allah também disse: "Amaldiçoado aquele que negocia em fraude – aquele que quando tem que receber exige a medida exata, mas quando tem que pagar em medida ou peso dá menos que o devido"[3]. Allah também disse no livro sagrado: "Oh! Meus servos, eu proibi a opressão para mim e fiz proibirem-na dentre os outros, portanto não oprimam uns aos outros"[4]. Não há dúvidas que variações da determinação dos direitos e obrigações é injusto e não aceitável no Islã. Allah decretou que um muçulmano deve ser justo e jamais trapacear em seus negócios. Ele disse "Allah comanda a justiça, o fazer bem"[5].

O temor a Allah em privado e em público é uma das razões para estabelecer a justiça e dar o poder e direito ao real proprietário do saber, e solicitar e receber seus direitos. Allah disse: "Oh! Você que crê! Tema a Allah, e (sempre) diga a pala-

---

[1] Extraído do Alcorão – Capítulo 2; Versículo 282.
[2] Extraído do Alcorão – Capítulo 4; Versículo 135.
[3] Extraído do Alcorão – Capítulo 83; versos 1-3.
[4] Extraído do Sagrado Hadith.
[5] Extraído do Alcorão – Capítulo 16; Verso 90.

vra direcionada ao correto"[6]. Allah também diz "Allah o comanda a entregar os bens àqueles a quem são devidos e quando julgar os homens que o façam com justiça"[7]. Dessa forma, o temor a Allah deverá deter aqueles envolvidos com a contabilidade financeira de serem imprecisos e de falharem em disponibilizar informações relevantes, particularmente aquela que contradiz os preceitos das leis do *Shariah* – por exemplo, a usura e investimentos proibidos. O temor a Allah deve também ajudar àqueles envolvidos com a contabilidade financeira a apresentarem honestamente a posição financeira contábil e os resultados de suas operações.

A contabilização financeira do *Islã* deve enfocar o justo relato da posição financeira da empresa e os resultados de suas operações, de forma a revelar o que é permitido (*Halal*) e o que é proibido (*Haram*). Isso está em conformidade com as instruções de Allah de cooperar com a feitura de boas ações. Allah

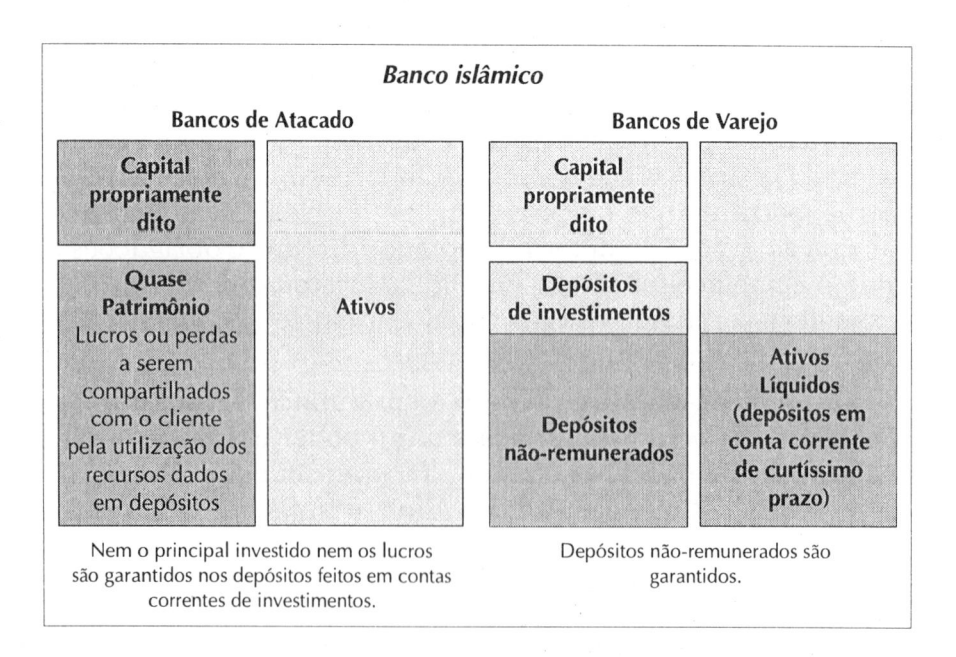

Banco islâmico

Bancos de Atacado		Bancos de Varejo	
Capital propriamente dito	Ativos	Capital propriamente dito	Ativos Líquidos (depósitos em conta corrente de curtíssimo prazo)
Quase Patrimônio Lucros ou perdas a serem compartilhados com o cliente pela utilização dos recursos dados em depósitos		Depósitos de investimentos	
		Depósitos não-remunerados	
Nem o principal investido nem os lucros são garantidos nos depósitos feitos em contas correntes de investimentos.		Depósitos não-remunerados são garantidos.	

---

[6] Extraído do Alcorão – Capítulo 33; Verso 70.
[7] Extraído do Alcorão – Capítulo 4; Verso 58.

disse: "Ajudem-se uns aos outros na correção e na piedade. Mas não sejam solidários no pecado e no rancor"[8]. Isso significa que a contabilidade no *Islã* tem objetivos dos quais o contador deve estar ciente e em conformidade com eles. Ele não deve entrar nesse campo sem a compreensão clara e consciente dos objetivos da contabilidade financeira. Isso está de acordo com a palavra de Allah que disse: "Deixe o escriturário fazer os registros fielmente como acertado entre as partes"[9]. Khalifa Umer Ibn Al-Khatab (Que Deus esteja com ele) perguntou por mercadores no mercado que fossem conhecedores do *Halal* e do *Haram*. Ele disse "Ninguém deverá vender em nosso mercado a menos que seja conhecedor da religião, caso contrário ele entrará voluntária ou involuntariamente nas operações usurárias. Por essa razão, aqueles responsáveis pela contabilização deverão estabelecer as regras necessárias para proteger os direitos e as obrigações dos indivíduos e assegurar a adequada abertura de informações".

Os bancos islâmicos foram estabelecidos para assistir os muçulmanos e as sociedades islâmicas a usarem o dinheiro de uma maneira benéfica e consistente com os princípios das leis do *Shariah*. Tais formas e meios são caracterizados por várias coisas, inclusive a proibição dos juros, o compartilhamento dos lucros e outros veículos de investimento e evitar atividades que Allah tenha proibido. De acordo com isso, o atrativo dos bancos islâmicos para os muçulmanos tem origem principalmente por estarem de acordo com o *Shariah* em seus negócios, seja com os acionistas, depositantes ou outros com os quais esses bancos investem seus recursos.

Por outro lado, a escolha dos muçulmanos de investir ou depositar seus recursos ou negociar com um ou outro banco islâmico é baseada em sua avaliação e na confiança na habilidade do banco em manter seu capital a um nível suficiente

---

[8] Extraído do Capítulo 5; verso 2.

[9] Extraído do capítulo 2; verso 282. Uma das explicações deste verso é que a palavra "fielmente" diz respeito ao fato de o escriturário ser uma pessoa responsável pelo que está sendo escrito e que sabe o que se espera dele (ALZAMAKSHARI vol. 1, p. 304).

para prover segurança para os depositantes e sua habilidade em oferecer taxas de retorno tanto para os acionistas como para os investidores compatíveis com o risco assumido. A perda da confiança pode levar os muçulmanos a deixarem de investir nestes bancos. A confiança, entretanto, não poderá ser conquistada sem que diversas importantes medidas sejam tomadas, uma das quais é a comunicação de informações relevantes para assistir aos usuários na avaliação de quão o banco está em acordo com os princípios do *Shariah* bem como sua habilidade em manter o capital em nível razoável e gerar taxas de retorno aceitáveis tanto para os investidores quanto para os acionistas.

Diferenças entre os Objetivos da Contabilidade Financeira dos Bancos Islâmicos e dos Bancos Convencionais

A contabilidade financeira preocupa-se principalmente em fornecer informação para assistir os investidores em sua tomada de decisões. Aqueles que negociam com a instituição financeira islâmica estão preocupados primeiramente em obedecer e satisfazer a Allah no que tange a suas atividades financeiras. Allah disse: "Oh! Povo! Tire o seu sustento da terra de forma legal e correta; e não siga os passos do mal porque ele é para você um inimigo"[10]. Os objetivos da contabilidade financeira para outros bancos, para a maior parte deles, foram estabelecidos em países não islâmicos. É natural, portanto, que haja diferenças entre os objetivos estabelecidos pelos bancos islâmicos e os convencionais.

Essas diferenças baseiam-se principalmente nas diferenças de objetivo daqueles que necessitam de informação contábil e, portanto, no tipo de informação de que necessitam. Isso não significa, porém, que a banca islâmica tenha rejeitado todos os resultados da contabilidade contemporânea desen-

---
[10] Extraído do Capítulo 2; Verso 168.

volvida nos países não islâmicos, porque existem também alguns objetivos comuns a ambas comunidades. Por exemplo, investidores muçulmanos ou não, compartem seu desejo de aumentarem sua riqueza e de obterem retornos aceitáveis em seus investimentos. Esse é um desejo legítimo que é reconhecido pelo *Shariah* consistente com a palavra de Allah: "Foi Ele quem fez a terra administrável pelo homem, portanto, aproveite as benesses que Ele nos fornece"[11].

Conceitos da Contabilidade Financeira para a Instituição Financeira Islâmica

Os conceitos da contabilidade financeira para Instituição Financeira Islâmica foram preparados para apontar seus princípios básicos. Tais conceitos são consistentes com uma ampla visão dos princípios islâmicos. Uma visão que não exige que um conceito tenha sempre que ser derivado do *Shariah*. O pensamento islâmico acomoda princípios não especificamente descritos pelo *Shariah*, desde que tais princípios sejam benéficos ou não prejudiciais à sociedade e que não violem nenhum preceito do *Shariah*.

As formas de desenvolver tais conceitos são os seguintes:

1) a identificação de conceitos contábeis que tinham sido desenvolvidos por outras instituições e que sejam consistentes com os ideais islâmicos de precisão e justiça. É improvável que alguém discuta a adoção de tais conceitos, por exemplo, aqueles relativos à definição das características de informação contábil útil como a relevância e a confiabilidade;

2) a identificação de conceitos que sejam utilizados na contabilidade tradicional, mas que sejam inconsistentes com as leis do *Shariah*. Tais conceitos foram ou rejeitados ou suficientemente modificados de forma a estarem em acordo com o *Shariah* e a torná-los

---
[11] Extraído do capítulo 67; verso 15.

utilizáveis. Um exemplo de tais conceitos é o valor do dinheiro no tempo como um atributo mensurável;

3) o desenvolvimento daqueles conceitos que definem certos aspectos da contabilidade financeira das instituições financeiras islâmicas que são únicos à forma islâmica de fazer negócios. O desenvolvimento desses conceitos foi particularmente enfatizado e um exemplo disso são os conceitos baseados nas leis islâmicas que definem riscos e prêmios associados às operações e a incorrência de custos e ganhos de lucros.

Função dos Bancos Islâmicos

As instituições financeiras islâmicas foram desenvolvidas sobre bases que não permitem a separação entre os assuntos temporais e religiosos. Essas bases exigem o cumprimento das leis do *Shariah* em todos os aspectos da vida. Isso cobre não apenas o culto religioso, mas os negócios que também devem obedecer aos preceitos do *Shariah*. Por exemplo, um dos mais notáveis aspectos dos ensinamentos islâmicos é a proibição da usura e a percepção do dinheiro como um meio de troca e um meio de se desfazer de suas obrigações financeiras e não como uma *commodity*. De fato, o dinheiro não tem um valor temporal além do valor da mercadoria que está sendo trocada pelo uso do dinheiro, de acordo com o *Shariah*. Portanto, as instituições financeiras islâmicas são fundadas sob o conceito de compartilhamento de lucros e perdas consistente com o conceito islâmico de que o lucro é para aquele que corre o risco. Instituições financeiras islâmicas rejeitam os juros como um custo pelo uso do dinheiro e empréstimo como um veículo de investimento.

Ao conduzirem seus investimentos, as instituições financeiras islâmicas se asseguram de que seus recursos e aqueles à sua disposição para investimento gerem ganhos que sejam tanto compatíveis com os preceitos do *Shariah* como benéficos para a sociedade. As instituições financeiras islâmicas aceitam recursos na forma de contratos *Mudharaba* que são uma espécie de acordo entre o doador do recurso (dono de uma conta de investimento) e o doador dos esforços (banco). Ao conduzir negócios do tipo *Mudharaba*, o banco declara sua disposição de aceitar recursos que serão investidos em nome de seu proprietário, dividir os lucros de acordo com uma percentagem predeterminada e dar a conhecer que as perdas serão suportadas apenas pelos donos dos recursos na ausência de negligência ou quebra de contrato.

Ativos

Para a contabilização de uma instituição financeira islâmica um ativo é tudo que seja capaz de gerar um fluxo de caixa positivo ou outro benefício econômico no futuro tanto por si só ou em combinação com outros ativos que a instituição financeira islâmica tenha adquirido o direito como resultado de operações ou eventos passados. Entretanto, para ser considerado como um ativo nos demonstrativos financeiros de um banco islâmico esse ativo deverá ter também as seguintes características:

1) ter a capacidade de ser financeiramente mensurável com razoável grau de confiança;
2) não estar associado a uma obrigação não mensurável ou um direto de terceiros;
3) o banco islâmico deve ter adquirido o direito de possuir, usar ou desfazer-se de tal ativo.

Passivos

Um passivo é uma obrigação presente de transferir ativo, estender o uso de um ativo ou prestar serviço a terceiros no futuro como resultado de operações passadas ou outros eventos. Entretanto, para ser considerado como passivo nas demonstrações financeiras de um banco islâmico a obrigação deverá ter também as seguintes características:

1) a Instituição financeira islâmica deve ter uma obrigação contra terceiros e esta não pode ser recíproca a uma obrigação de um terceiro para com a instituição financeira islâmica;
2) a obrigação da instituição financeira islâmica deve ser capaz de ser mensurada com razoável grau de confiabilidade;
3) a obrigação da instituição financeira islâmica deve ser capaz de ser satisfeita através da transferência de um ou mais dos ativos da instituição financeira islâmica para um terceiro, estendendo a esse terceiro o uso do ativo da instituição financeira islâmica por um período de tempo ou prestando serviços para este terceiro.

Definição de Zakah e sua Aplicação

Zakah é uma obrigação religiosa fixa calculada por referência sobre os ativos líquidos (incluindo caixa) o qual deve ser apreciado ou ter a capacidade de apreciar-se em valor no decorrer de um certo período de tempo exceto com relação a ativos que tenham sido adquiridos para consumo ou uso na produção de rendimentos, por exemplo, ativos fixos do banco ou imóveis de sua propriedade. *Zakah* é uma obrigação religiosa sobre a riqueza que todo muçulmano, inclusive uma criança ou uma pessoa insana deve cumprir desde que se aplique a seus bens. Entretanto, diferentemente da *Zakah*, as contribuições de caridade são de livre escolha.

A primeira conferência sobre *Zakah* realizada no Kuwait, em 1984, concluiu que no caso de uma empresa legalmente constituída, seja uma empresa limitada ou uma S.A., o *Zakah* deverá ser determinado baseado nos ativos líquidos dessa empresa como se esta estivesse sujeita ao *Zakah*. Uma vez determinado este seria então dividido entre os proprietários de forma que cada um deles cumprisse suas obrigações religiosas pessoalmente.

Entretanto, nos seguintes quatro casos, a empresa está obrigada a satisfazer as obrigações de *Zakah* em nome de seus proprietários:

1) quando a lei requer que a empresa cumpra a obrigação *Zakah* como uma entidade;
2) quando a empresa está obrigada por seus estatutos a cumprir as obrigações *Zakah* como uma entidade;
3) quando a assembléia geral de acionistas decide por resolução que a empresa cumprirá as obrigações *Zakah* como uma entidade;
4) quando proprietários individualmente autorizam a empresa a atuar como seu agente para satisfazer as obrigações de *Zakah*.

Da mesma forma, aqueles que possuem uma conta corrente de investimento ou outras contas podem pedir que um banco islâmico atue como um agente para cumprir com a obrigação *Zakah* em seu nome. O banco pode também receber contribuições de caridade de correntistas, depositantes e outros para distribuição em seu nome.

O Futuro da Banca Islâmica no Cenário Econômico Mundial

- *Desafios da Indústria Financeira Islâmica*
- *A Integração da Banca Islâmica ao Sistema Financeiro Global*

A condição atual da banca islâmica mostra que há uma demanda crescente por serviços dessa indústria financeira em diferentes partes do mundo. Dado o rápido crescimento da indústria nas últimas décadas e o fato da mesma ter sido capaz de superar alguns dos preconceitos iniciais devido ao seu adjetivo "islâmico", a banca islâmica pode desempenhar um importante papel no cenário econômico mundial. Esse papel poderá ser o de fornecer uma opção alternativa de financiamento ou o de complementar as práticas bancárias já existentes e portanto expandir a gama de financiamentos disponíveis contribuindo dessa forma para os esforços globais de mobilizar recursos para os poupadores e investidores.

O sucesso da banca islâmica no futuro, entretanto, dependerá da evolução de cinco áreas principais, a saber:

- quanto sucesso terá a banca islâmica para superar alguns dos desafios conceituais e práticas enfrentadas pela indústria;
- o impacto a ser causado pelas novas instituições criadas para aprimorar as bases reguladoras e integrar a banca islâmica com o sistema financeiro global;
- a utilização efetiva dos mercados futuros pela banca islâmica;
- a eficiência do papel a ser desempenhado pelo Banco Islâmico de Desenvolvimento como uma instituição multilateral de desenvolvimento e financiamento;
- a cooperação da comunidade bancária global no sentido de minorar os preconceitos contra a banca islâmica permitindo uma integração suave à banca internacional e ao sistema financeiro convencional.

Esses pontos são mais bem explicados a seguir.

Desafios da Indústria Financeira Islâmica

A despeito das muitas vantagens conceituais e práticas, é importante reconhecer que a indústria financeira islâmica ainda se encontra em um estágio inicial e em evolução. Por isso, há ainda a necessidade de superar importantes desafios para desenvolver seu potencial. Alguns dos maiores desafios são:

- a criação de uma estrutura institucional própria que sirva às necessidades da indústria financeira islâmica. Em particular a criação de uma estrutura legal e políticas de apoio;

- a consolidação de um número de instituições que estão sendo criadas para assegurar uma melhor supervisão, transparência e responsabilidade financeira. Essas instituições ainda estão em formação mas produzirão os resultados esperados no decorrer do tempo;

- às vezes os bancos islâmicos existem em alguns países de forma solitária, o que não permite que tenham economia de escala e minimizem seu custo. Dessa forma eles correm grande risco de ser menos eficientes que os outros. Da mesma forma esses bancos tem muito pouca relação interbancária, o que diminui sua capacidade de fazer uso de sua liquidez;

- devido a vários fatores a banca islâmica ainda enfrenta o desafio de criar um mercado adequado para a distribuição de produtos onde se comparta capital e lucros (base dos produtos islâmicos) o que depende de diversos aspectos institucionais a serem desenvolvidos os quais levarão ao desenvolvimento de tal mercado;

- a auditoria *Shariah* dos bancos islâmicos também tem que envolver um número maior de instituições, por isso o reconhecimento da necessidade de mais juntas autônomas de consultoria *Shariah*;

- os bancos islâmicos na maioria dos países não contam com a figura das linhas de redesconto de um banco central, assim como não há políticas públicas de apoio para facilitar o funcionamento e eficiência dos bancos islâmicos nesses países.

A Integração da Banca Islamica ao Sistema Financeiro Global

Esforços contínuos têm sido feitos para conseguir uma maior integração da banca islâmica ao sistema financeiro global, os quais incluem esforços particulares nos últimos anos para estabelecer um número de instituições reguladoras e de contabilidade de forma a aprimorar os níveis de transparência, prudência, governança corporativa e responsabilidade financeira das instituições financeiras islâmicas.

1) Organização de Auditoria e Contabilização para Instituições Financeiras Islâmicas (OACIFI) – Estabelecida em 1992, tem o objetivo de codificar os princípios contábeis para toda a gama de atividades da banca islâmica. Com esse objetivo a OACIFI adaptou os padrões financeiros internacionais para atender às necessidades das instituições financeiras islâmicas e desenvolveu um detalhado padrão de abertura de informações. Além disso, desenvolveu procedimentos para a elaboração de conceitos e apresentação geral das demonstrações financeiras. A OACIFI trabalha em cooperação com o FMI, com o Comitê da Basiléia e com as maiores empresas internacionais de *rating* em um esforço conjunto para desenvolver princípios contábeis e de auditoria internacionalmente aceitos para a indústria financeira islâmica.

2) Agência Internacional de *Rating* Islâmica (AIRI) – Considerando-se o fato de que um sistema de *rating* externo tem um papel crucial no fornecimento de informações para as prudentes tomadas de decisões de to-

dos os envolvidos com a banca islâmica, o Banco Islâmico de Desenvolvimento está trabalhando na criação da AIRI que deverá estar operativa em breve em Bahrain, o qual deverá ser um importante elemento de apoio à organização e ao aperfeiçoamento do mercado de capitais islâmicos.

3) Junta Diretiva de Serviços Financeiros Islâmicos (JDSFI) – Essa junta está sendo estabelecida por diversos bancos centrais e autoridades monetárias em países membros do Banco Islâmico de Desenvolvimento em cooperação com o Fundo Monetário Internacional. Essa instituição que deverá se estabelecer na Malásia deverá ter o papel de reguladora e supervisora dos bancos islâmicos e instituições financeiras com o objetivo de aperfeiçoar sua estabilidade e eficiência financeira. Também contribuirá para o crescimento da aceitação e da competitividade da indústria financeira islâmica no mundo.

4) Mercado Financeiro Islâmico Internacional (MFII) – O Banco Islâmico de Desenvolvimento está em processo de estabelecimento do MFII em colaboração com as Autoridades Monetárias de Bahrain e da Malásia. Essa instituição permitirá aos bancos islâmicos o uso eficiente de sua liquidez excedente e desenvolverá instrumentos para operações interbancárias usando princípios financeiros islâmicos. Essa é uma área na qual os bancos islâmicos têm limitações e o estabelecimento do MFII pretende eliminar essas barreiras e contribuir para uma maior rentabilidade e eficiência. O acordo para a criação do MFII foi assinado em Paris em novembro de 2001.

5) Centro de Administração de Liquidez (CAL) – Criado para prestar serviços para instituições públicas e privadas que queiram emitir papéis lastreados em ativos. Estima-se que a liquidez de curto prazo disponível dentre as instituições financeiras islâmicas esteja entre US$ 20 e US$ 30 bilhões e por isso a necessidade

de um *money market* que eficientemente administre tal liquidez.

6) Conselho Geral de Bancos e Instituições Financeiras Islâmicas (CGBIFI) – Estabelecido em 2000, é um corpo privado com o objetivo de dar mais transparência e disciplinar os participantes do mercado. É um fórum através do qual se pretende criar uma melhor compreensão da indústria financeira islâmica e integrá-la à infra-estrutura financeira internacional.

Essas instituições também devem aprimorar a capacidade dos bancos e instituições financeiras islâmicas de atuarem em acordo com os padrões reguladoras do *Shariah* o qual terminantemente proíbe as atividades sociais indesejáveis que incluem a lavagem de dinheiro, o financiamento ao terrorismo e qualquer outra prática ilegal.

Conclusão

CONCLUSÃO

O que os não-Muçulmanos – homens de negócios e reguladores – agora sabem é que o *Shariah* oferece uma forma definida e estruturada para qualquer um que queira fazer negócios. Além disso, cada vez mais é aceito que o *Islã* apresenta métodos de trabalho que não são inconsistentes com o universo das práticas ocidentais. Isso está provado em parte porque os contratos islâmicos têm funcionado tanto para investidores estrangeiros quanto para bancos nacionais em ambientes bastante regulados como nos USA e UK e em parte devido ao sucesso dos índices islâmicos Dow Jones. O que os banqueiros islâmicos e os investidores agora sabem é que seus conceitos de negócios podem ser amplamente aplicados no mercado global.

*Glossário
e
Bibliografia*

Glossário

Alhah (Alá) – Deus em árabe. É o mesmo Deus dos judeus e dos cristãos.

Árabes – A definição dessa palavra mistura o conceito étnico e o lingüístico-cultural uma vez que em princípio os árabes eram apenas os habitantes da península arábica. Porém a partir do século VI, durante a expansão do islamismo, uma vasta área vizinha foi conquistada e suas populações adotaram a língua e os costumes árabes. Na atualidade, são considerados árabes os seguintes países: Arábia Saudita, Emirados Árabes Unidos, Kuait, Iêmen, Bahrein, Catar, Iraque, Síria, Jordânia, Líbano, Egito, bem como os países do norte da África – Argélia, Líbia, Marrocos e Tunísia –, Sudão e Somália.

Califa – Chefe político, considerado o sucessor de Maomé.

Corão – Também chamado Alcorão. É o livro sagrado do islamismo e reúne as diversas revelações divinas recebidas por Maomé entre os anos de 610 e 632. Dividido em 114 capítulos, o Corão tem como principais ensinamentos a onipotência de Deus e a necessidade de bondade, de generosidade e de justiça nas relações entre as pessoas.

Fatwa – Decreto religioso muçulmano.

Fiqh – Jurisprudência.

Gharar – Incerteza ou contingência (proibido pelas leis islâmicas).

Hadith – Registro dos dizeres do profeta Maomé. É uma das três fontes de doutrina do *Islã*.

Hajj – Peregrinação a Meca, na Arábia Saudita, que deve ser feita pelo menos uma vez na vida por todo muçulmano praticante.

Halal – O que é permitido pelas leis islâmicas.

Haram – O que é proibido pelas leis islâmicas.

Ijara – Arrendamento mercantil (*leasing*).

Ijma – O consenso da comunidade islâmica sobre uma questão particular.

Ijtihad – A opinião das juntas islâmicas sobre uma questão particular.

Imã – Autoridade religiosa islâmica.

Islã – Esta palavra pode ser usada tanto para denominar a religião criada por Maomé (islamismo), quanto para designar a totalidade da comunidade islâmica (islâmicos).

Islâmicos – Pessoas que professam a religião islâmica. Por não se organizarem em torno de um único líder espiritual, como os católicos, por exemplo, os grupos islâmicos apresentam grande variedade de características locais, regionais ou nacionais.

Islamismo – Religião monoteísta que professa a fé em Deus (chamado Alhah, em árabe) e em Maomé, seu único profeta.

Istisna'a – Contrato que prevê o prepagamento de produtos a serem manufaturados.

Juhala – Incerteza.

Massraf – Banco islâmico.

Maysir – Jogo de aposta (proibido pelas leis islâmicas).

Mesquita – Local de adoração dos muçulmanos (*masjid*, em árabe).

Mu'amala – Operação econômica.

Muçulmano – O mesmo que islâmico. Palavra de origem árabe, que significa "aquele que se submete a Deus". Não deve ser confundido com "árabe" pois existem árabes que professam outras religiões, assim como existem muitos muçulmanos que não são árabes, como por exemplo os iranianos, os afegãos e os paquistaneses.

Mudharaba – Parceria de investimento no qual uma das partes fornece o capital e a outra fornece o trabalho.

Murabaha – Compra e venda com lucro (custo mais financiamento).

Musharaka – Parceria financeira – *Joint venture*.

Qard hassan – Um adiantamento de recursos para propósitos humanitários e assistência social sem cobrança de juros por parte da instituição financeira.

Qiyas – A aplicação de princípios aceitos, por analogia, a novos casos.

Riba – Juros (proibido pelas leis islâmicas).

Sabab – Ilegalidade do objeto do contrato.

Shariah – As leis islâmicas, derivadas do Alcorão, do *Hadith* (dizeres do profeta) e do *Sunna* (ações ou práticas do profeta).

Sukuk – Eurobônus islâmico.

Shurut – Condições jurídicas especiais ou exceções à regra.

Suftaja – Equivalente islâmico à "Bill of Exchange".

Sunita – Corrente muçulmana surgida na época da morte do profeta Maomé (570-632) e que, atualmente, compreende cerca de 85% da comunidade islâmica mundial. Consideram-se seguidores diretos da tradição do profeta, continuada por seu tio All-Abbas. Para os sunitas, a autoridade espiritual pertence à comunidade como um todo. Subdividem-se em quatro grupos menores: os hanafitas, os malequitas, os chafeitas e os hambanitas.

Sunna – Registro das ações do profeta Maomé. É uma das três fontes de doutrina do *Islã*.

Takaful – Espécie de seguro islâmico.

Ummah – Comunidade ou mundo Islâmico.

Urf – Prática costumeiramente aceita, por exemplo, as práticas de negócios internacionais.

Xeque – Mestre espiritual e líder religioso.

Xiitas – Corrente muçulmana contrária aos sunitas e também surgida na época da morte de Maomé. Os xiitas são partidários de Ali, genro de Maomé, que acreditava que a sucessão do profeta devia se dar pela herança familiar, pois seus descendentes seriam os únicos que teriam a chave para interpretar corretamente os ensinamentos do *Islã*. Os xiitas representam 16% dos muçulmanos e consideram-se líderes da comunidade e continuadores da missão espiritual de Maomé. São majoritários no Irã e em Bahrein.

Zakah – Caridade obrigatória, espécie de imposto pago pelos muçulmanos sobre seus bens.

Bibliografia

ALLEN, Overy. *Islamic Finance*. Dubai, Outubro 1993. 13p.

BAHRAIN. Accounting and Auditing Organization for Islamic Financial Institutions, Safar 1420H-junho 1999. *Accounting and Auditing Organization for Islamic Financial Institutions*, Accounting and Auditing Organization for Islamic Financial Institutions.

CLEFFORD, Chance. *Memorandum to clients and professional contacts of Clefford Chance*. Londres, Outubro 1992. 7p.

MOORE, Philip. *Islamic Finance. A partnership for Growth*. 1 Ed. Londres: Euromoney Publications PLC, 1997. 253p.

SALEH, Nabil A. *Unlawful gain and legitimate profit in Islamic Law*. Ed. Graham & Trotman.

SIDDIQI, Nejatualhn. *Partnership and Project sharing in islamic law* Leiscester: Ed. Islamic Foundation.

Entre em sintonia com o mundo

QualityPhone:
0800-263311
Ligação gratuita

Rua Teixeira Júnior, 441
São Cristóvão
20921-400 – Rio de Janeiro – RJ
Tel.: (0XX21) 3860-8422
Fax: (0XX21) 3860-8424

www.qualitymark.com.br
E-Mail: quality@qualitymark.com.br

Dados Técnicos

- Formato: 16 x 23
- Mancha: 12 x 19
- Corpo: 11,5
- Entrelinha: 13,5
- Fonte: Bookman Old Style
- Total de Páginas: 168

Este livro foi impresso em 2004
nas oficinas da ParkGraf Editora Ltda.
Rua General Rondon, 1500 (Térreo) - Petrópolis - RJ - Tel.: (24) 2249-2500